G

19699

BIBLIOTHÈQUE

PORTATIVE

DES VOYAGES.

TOME XIV.

CONDITIONS DE LA SOUSCRIPTION.

L'ouvrage sera publié en 12 *livraisons*, qui seront mises en vente de mois en mois, à dater du 15 *Mai*; chaque livraison sera composée de 4 volumes ; la dernière seule en aura 5, et sera néanmoins du même prix que les précédentes.

Le prix de chaque livraison, pour les personnes qui souscriront avant le 1er *Juillet prochain*, est fixé, sur papier fin, à . . 5 fr.

Papier d'Angoulême, Nom-de-Jésus.   8

Papier vélin satiné, fig. avant la lettre.   10

Papier vélin satiné, Nom-de-Jésus, figures avant la lettre 15

Passé le 1er Juillet, le prix pour les non-souscripteurs, sera, en papier fin. .   6

Papier d'Angoulême, Nom-de-Jésus. 10

Papier vélin satiné 12

Papier vélin satiné, Nom-de-Jésus. . 20

Il faut ajouter 1 fr. 50 c. au prix de chaque livraison pour recevoir l'ouvrage franc de port par la poste.

ON NE PAYE RIEN D'AVANCE.

DE L'IMPRIMERIE DE G. MUNIER.—AN VII.

BIBLIOTHÈQUE

PORTATIVE

DES VOYAGES,

TRADUITE DE L'ANGLAIS

Par MM. HENRY *et* BRETON,

TOME XIV.

〜〜〜〜〜〜

PREMIER VOYAGE DE COOK.

TOME I.

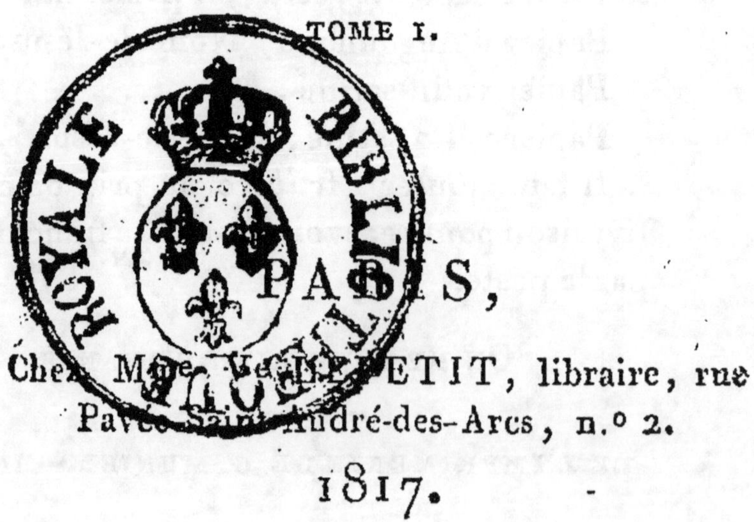

PARIS,

Chez Mme Ve DUPETIT, libraire, rue
Pavée-Saint-André-des-Arcs, n.º 2.

1817.

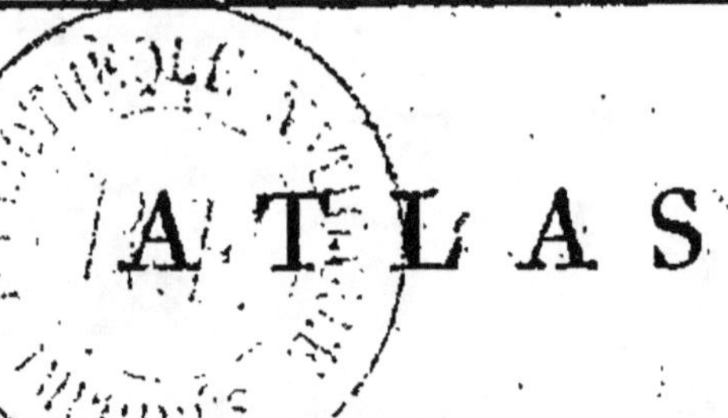

ATLAS

DU PREMIER VOYAGE

DE

JAMES COOK.

Nota. On a été forcé de réunir et d'accoupler sur le même cuivre les planches qui exigeoient le même genre de gravure. Sans cette précaution, le *tirage* n'eût point été aussi pur, ni aussi homogène. Il en est résulté dans cet atlas la transposition d'une figure.

LA CARTE indique la route du commodore Byron, du capitaine Carteret, du capitaine Wallis, et du lieutenant James Cook.

PRÉFACE
DU TRADUCTEUR.

L'ENCOURAGEMENT donné par le public aux premières parties de la *Bibliothèque portative des Voyages* devoit naturellement déterminer l'Editeur à continuer cette intéressante collection. Les voyages de Cook méritoient particulièrement d'être distingués. Quelle plus belle leçon pourroit-on offrir à la jeunesse, quel délassement plus agréable pourroit se propo

ser l'âge mûr, que la lecture de
ces relations, où l'on voit des marins intrépides voler à de nouvelles découvertes, explorer l'im-
mense étendue des mers, en examiner, en reconnoître toutes les
îles, tous les continens inconnus
jusqu'à eux; braver tous les périls, tous les obstacles, sans autre
intérêt, sans autre but que d'ac-
croître le domaine des sciences?

Que des aventuriers, marchant
sur les traces de l'immortel Co-
lomb, se soient condamnés à des
fatigues inouies, qu'ils aient couvert l'Océan de leurs vaisseaux,
qu'ils se soient hasardés sur un
continent inconnu, au milieu de

peuplades barbares, ou qui n'avoient reçu qu'à demi les bienfaits de la civilisation, qu'y a-t-il d'étonnant dans toutes ces entreprises hardies? Une perspective attrayante s'offroit sans cesse à leurs regards. Découvrir d'immenses trésors, renverser des empires, s'en approprier les dépouilles, tel étoit le terme flatteur qu'ils voyoient à leur course errante et vagabonde, à leurs téméraires et injustes expéditions.

Quelle différence entre ces entreprises et celles de Cook et de ses rivaux! Un aussi sage emploi des connoissances acquises par les modernes dans la navigation

étoit un prodige réservé au dix-
huitième siècle, à ce siècle que
des gens qui ne veulent rien dis-
tinguer, qui blâment ou approu-
vent collectivement, ont les uns
tant calomnié, les autres vanté
avec tant d'exagération, mais qui,
s'il enfanta bien des erreurs, mit
au jour bien des idées, bien des
vérités utiles.

Au surplus, je ne veux pas
anticiper. C'est dans l'*Introduction*, placée par les rédacteurs anglais, en tête de chacun des voyages, qu'il faut chercher le but
et le résultat de chaque expédition particulière. Je dois seulement faire connoître la marche

que j'ai suivie dans cette traduction.

Les voyages de Cook sont déjà
connus en France, et par la première traduction qui en fut donnée peu de temps après leur publication en Angleterre, et par
une foule d'extraits et d'abrégés
qui en ont été faits sous toutes
sortes de formes.

Cependant mon travail diffère
essentiellement de tout ce qui l'a
précédé. Tout le monde convient
que la première traduction est
tellement hérissée de termes de
marine, de détails purement re-
latifs à la navigation, répandus,
comme l'ont avoué ses auteurs

eux-mêmes, *avec une profusion peut-être inutile*, qu'indépendamment du prix que doit coûter un ouvrage aussi volumineux, la lecture n'en peut convenir qu'à un très-petit nombre de personnes.

Les auteurs ou traducteurs des abrégés sont, pour la plupart, tombés dans un excès contraire; ils ont trop morcelé, trop raccourci leur original; ils ont dénaturé le style et la manière des écrivains anglais; ils ont, en un mot, considérablement refroidi l'intérêt, en faisant les relations à la *troisième* et non à la *première personne*, comme dans l'original.

J'ai pensé que l'on pouvoit

être concis, sans trop élaguer ;
resserrer son style, sans rien
omettre ; réduire une phrase, une
période à ses termes les plus sim-
ples, sans la supprimer entièrement ; en un mot, je me suis ef-
forcé de me rapprocher autant
que possible du *faire*, de la
nuance caractéristique de chacun
des rédacteurs de l'ouvrage original. Il sera facile de voir que
le premier voyage rédigé par
J. Hawkesworth, le second et
une partie du troisième écrits
presque en entier par Cook lui-
même, et la partie de la relation
dont le capitaine King est l'auteur, sont traités avec un caractère différent.

Personne ne peut se vanter d'être infaillible. Il me conviendroit mal de prétendre que j'ai toujours mieux rencontré que ceux qui m'ont précédé dans la carrière ; je dois dire cependant que j'ai fait disparoître quelques taches, quelques fausses interprétations qui existent dans les autres traductions. Je citerai particulièrement une méprise assez bizarre qui se trouvoit dans la première de toutes. Le traducteur, trompé par une faute typographique, ou par la ressemblance qui existe entre le mot anglais *chess*, qui veut dire *échecs*, et le mot *chest* qui veut dire *coffre*, avoit rendu un passage tout-à-fait inintelligible. J'ai également donné en français le nom de plusieurs animaux et plantes que les anciens traducteurs avoient été forcés de conserver en anglais, faute de vocabulaires assez étendus.

Enfin cette traduction complète des voyages de Cook, est la seule qu'on ait publiée (1) dans ce for-

(1) Cet ouvrage n'a aucun rapport avec la traduction du *premier Voyage de Cook,* qui fait partie de la *Bibliothèque Géographique, instructive,* etc., traduite de l'allemand de *Campe.* Les deux *Bibliothèques* elles-mêmes n'ont aucune analogie ni par leur plan, ni par l'emploi et la distribution des matériaux. Cette déclaration est d'autant moins sus-

mat portatif. Les trois atlas qui y
sont joints ne peuvent qu'en aug-
menter le mérite, puisque les
planches dont ils se composent
retracent les sites les plus remarquables, les principaux évène-
mens, et les portraits même des
personnages principaux dont il
est question dans le texte.

pecte de ma part, que je travaille
aussi à la traduction du recueil de
Campe.

INTRODUCTION.

GEORGES III, roi d'Angleterre, peu de temps après son avénement à la couronne, conçut le projet d'envoyer des vaisseaux à la découverte de pays inconnus : la paix dont jouissoit alors la Grande-Bretagne, en favorisoit l'exécution. Le commandement du *Dauphin* et de la *Tamar* fut confié au commodore Byron. Le monarque, par ses instructions du 17 juin 1764, ordonna une recherche scrupuleuse dans l'Océan atlantique, entre le cap de Bonne-Espérance et le détroit de Magellan, où il étoit vraisemblable qu'on trouveroit de nouveaux continens ou de grandes îles, jusqu'alors inconnus aux Européens, sous les latitudes les plus favorables à la navigation et à la production de diverses denrées propres au commerce.

Il recommanda, en outre, de prendre des notions plus exactes sur les côtes et les produits des îles de Pepys et de Falkland, déja visitées par des Anglois, mais qu'on n'avoit pas observées avec assez de soin.

Le *Dauphin*, vaisseau de guerre du sixième rang, et de vingt-quatre canons, avoit un équipage composé de cent cin-

quante matelots, avec trois lieutenans et trente-sept bas-officiers.

La *Tamar*, sloop de seize
canons, montée de quatre-vingt-
dix matelots, trois lieutenans
et vingt-deux bas-officiers, avoit
pour commandant le capitaine
Monat.

Le commodore Byron revint
en Angleterre dans le courant
de mai 1766. Dès le mois d'août
suivant, le *Dauphin* remit en
mer, sous les ordres du capitaine Wallis, avec le *Swallow*,
que commandoit le capitaine
Carteret. On avoit donné à ces
officiers les mêmes instructions
que ci-dessus.

Le *Dauphin* étoit équipé comme à son premier voyage. Le *Swallow*, sloop de quatorze canons, avoit un équipage composé de quatre-vingt-dix matelots, un lieutenant et vingt-deux bas-officiers.

Ces deux bâtimens marchèrent de conserve jusqu'à l'entrée de la mer du Sud, à l'ouverture occidentale du détroit de Magellan; de là, ils suivirent des routes différentes pour leur retour.

Sur la fin de 1767, la Société royale jugea convenable de charger des astronomes d'aller, sur différens points de la mer du Sud, observer le passage de

Vénus sur le disque du Soleil; passage qui devoit, selon les calculs, avoir lieu en 1769. Les îles appelées *Marquesas de Mendoça*, ou celles de *Rotterdam* et d'*Amsterdam*, furent désignées comme les plus propres à l'opération projetée.

La Société présenta en conséquence, en février 1768, à sa majesté, un mémoire dans lequel elle la prioit de donner les ordres nécessaires à cette expédition. Le monarque y faisant droit, notifia aux lords de l'amirauté, qu'il étoit dans le dessein de faire équiper un vaisseau, et d'envoyer des observateurs dans les lieux indiqués par la

Société royale. En avril suivant, le secrétaire de l'amirauté donna avis à la Société, qu'on avoit choisi, pour ce voyage, une barque de trois cent soixante-dix tonneaux, du nom de l'*Endeavour*. Le commandement en fut confié au lieutenant de vaisseau James Cook, dont les connoissances en astronomie et en navigation étoient dignes de fixer ce choix. La Société royale le chargea en même temps d'observer le passage de Vénus, avec M. Charles Green, astronome distingué, qui avoit été long-temps collaborateur du docteur Bradley à l'observatoire royal de Greenwich.

Le capitaine Wallis fut de retour dans le temps même où l'on s'occupoit des préparatifs de l'entreprise. A son départ, lord Morton l'avoit invité de vouloir bien fixer un endroit propice à l'observation qu'on se proposoit : il indiqua, à cet effet, le hâvre de *Port-Royal*, dans une île qu'il avoit découverte et nommée l'*île Georges*, mais appelée depuis *Otahiti*.

La Société fit donc choix de ce lieu, et en donna connoissance à l'amirauté, dans une lettre écrite au mois de juin.

L'*Endeavour* étoit un bâtiment destiné au commerce du charbon de terre. Plusieurs raisons avoient motivé cette préférence. Cette espèce de bateau est plus spacieuse, plus commode pour s'approcher de terre : il faut d'ailleurs moins d'hommes pour les diriger.

Le lieutenant Cook avoit deux sous-lieutenans, un *maître* et un bosseman, avec chacun deux aides, un chirurgien, un charpentier et leurs aides, un canonnier, un cuisinier, un écrivain, deux contre-maîtres, un armurier, un voilier, trois officiers de poupe, quarante-un excellens matelots, douze gardes-marine et neuf domestiques; en tout, quatre-vingt-quatre personnes, non compris le commandant. Il fit ses provisions pour dix - huit mois ; on lui donna dix canons et douze pierriers, avec les munitions nécessaires. Après les observations astronomiques terminées, l'*Endeavour* devoit suivre le projet général de faire des découvertes dans les mers du Sud.

La relation de ces divers voyages a été rédigée d'après les journaux des commandans, lesquels m'ont été confiés (1) par les lords de l'amirauté. J'ai eu, sur l'expédition de l'*Endeavour,* des renseignemens non moins

(1) Le rédacteur de ce premier voyage est M. J. Hawkesworth ; il est mort quelque temps après sa publication.

authentiques, et j'ai expliqué la manière dont j'ai employé ces matériaux, dans l'Introduction qu'on trouvera en tête du récit de ce Voyage.

Comme depuis un petit nombre d'années l'existence d'une race d'hommes, dont la taille seroit au-dessus des proportions ordinaires, a été le sujet de discussions très-vives, je dois indiquer aux personnes curieuses d'approfondir cette question, un ouvrage françois, intitulé, *Histoire des Navigations aux Terres australes.* On y rapporte le pour et le contre, les relations exagérées des hommes disposés à tout croire, et de ceux portés à tout nier ; mais il y a tout lieu de penser que les témoignages des derniers navigateurs, particulièrement du commodore Byron, de MM. Wallis et Carteret, qui, non-seulement ont vu les Patagons et parlé avec eux, mais qui les ont mesurés, détruiront tous les doutes qui auroient pu subsister jusqu'à ce jour.

Je ne puis finir ce discours, sans témoigner la peine que j'ai éprouvée en rapportant les malheurs des sauvages qui, dans le cours de ces expéditions, ont péri par nos armes, lorsqu'ils vouloient empêcher de vive force l'invasion de leur pays,

C'est un mal néanmoins qu'on ne pourra éviter, toutes les fois qu'on voudra faire des découvertes : il faudra toujours s'attendre à rencontrer de la résistance ; et, dans cette conjoncture, il faut ou vaincre les opposans, ou renoncer à l'entreprise.

On peut objecter qu'il n'est pas toujours indispensable de massacrer ces Indiens, pour les convaincre de l'impuissance de leurs efforts ; mais lorsqu'on entreprend des expéditions semblables, ceux à qui on les confie ne sont point exempts de passions ou de foiblesses : on ne peut répondre qu'une injure soudaine ne provoquera pas leur vengeance ;

vengeance; que la crainte d'un péril imminent ne les portera pas à quelque acte de violence; qu'un défaut de jugement ou la colère ne les égareront pas. Toujours portés à étendre l'empire des lois positives qui les régissent, à des individus qui ne les connoissent pas, ces inconvéniens, résultat de l'imperfection humaine, seront toujours inévitables.

Quelques moralistes sévères proposeront peut-être d'abandonner ces recherches, si l'on ne peut éviter de semblables malheurs. Il est facile de répondre que, d'après ces principes rigoureux, il ne devroit être permis, en aucun cas, d'exposer la vie des hommes pour des objets dont on attendroit des avantages non moins précieux. S'il n'est pas permis de tuer un Indien, afin d'examiner le pays qu'il habite, dans le but d'accélérer le progrès des sciences ou des relations commerciales, il ne le sera pas davantage de risquer les jours de ses concitoyens, pour étendre le commerce national avec des nations déja connues.

Si on réplique que le péril auquel ceux-ci s'exposent est volontaire, tandis que l'Indien y est assujéti malgré lui, le raisonnement sera le même.

Nous n'avons pas plus de droit sur notre propre vie que sur celle d'autrui. Aux yeux de tout homme sensé, le suicide est une espèce de meurtre très-criminel : on seroit coupable de risquer sa vie pour un motif qui ne permettroit pas d'attenter aux jours d'un autre. Si l'on n'admettoit pas ce principe, toute profession où les hommes, dans l'espoir d'une utilité quelconque, bravent le trépas, devroit être proscrite : et quelle est celle où l'on ne court pas à chaque instant les risques de la vie ?

Examinons cette multitude d'artisans de toutes les classes, depuis le forgeron, couvert de sueur devant un fourneau sans cesse embrasé, jusqu'à l'ouvrier plus sédentaire qui dépérit sur un métier; on verra par-tout la santé, la vie des hommes vouées à nos besoins factices. Dira-t-on que la société à laquelle on fait un tel sacrifice, est, par cela seul, contraire à la morale? Supposera-t-on qu'il est contre la nature d'exercer les facultés dont la nature a distingué notre espèce?

Cette conséquence paroîtra indubitablement absurde et extravagante. Si, dans certaines circonstances, le commerce et les arts nuisent à la vie des hommes; en d'autres, ils ser-

vent à la conserver; ils four-
nissent à nos besoins, sans violence, sans rapine. En offrant
aux indigens d'une même contrée, un intérêt commun, ils
empêchent qu'ils ne se parta-
gent en tribus particulières ;
que, comme les sauvages, ils
ne se fassent perpétuellement
la guerre avec un acharnement
inoui, dans les lieux où les
effets de la civilisation se sont
fait sentir. Il est donc raison-
nable de conclure qu'en dernier résultat, les progrès des
sciences et du commerce sont
un avantage pour tous les
hommes, et que la privation
de la vie qui peut en résulter

pour un petit nombre d'individus, est dans la classe des maux
particuliers qui contribuent au
bien général.

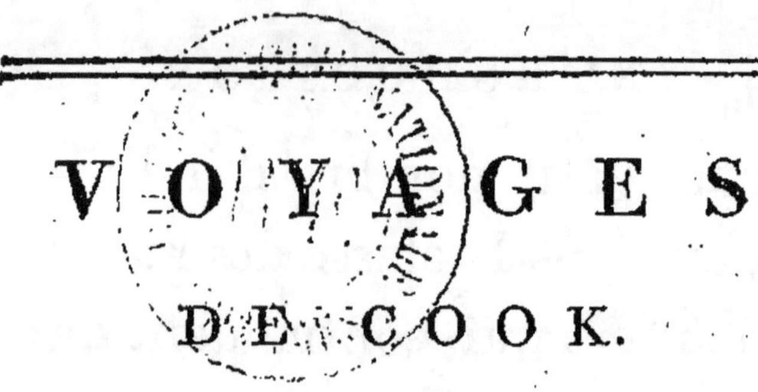

VOYAGES DE COOK.

RELATION

D'un voyage fait autour du monde, dans les années 1764, 1765 et 1766, par le commodore BYRON, commandant du vaisseau le *Dauphin*.

CHAPITRE PREMIER.

Route des Dunes à Rio-Janeiro. — Relâche au port Desiré.

JE partis des Dunes le 21 juin 1764, avec le vaisseau du roi le *Dauphin* et la frégate la *Tamar*, qui étoient sous mon commandement. Le *Dauphin* toucha en descendant la Tamise; ce qui m'obligea de relâcher à Plimouth, où il fut caréné. Je fis voile de cette rade le 3 juillet, après avoir avancé deux mois de paye aux équipages, et le 4, nous fûmes à la hauteur du cap *Lézard*.

L'officier du premier quart fut témoin, dans la nuit du 6, d'un phénomène surprenant qui ressembloit à un navire embrasé. Ce météore dura près d'une heure, et disparut ensuite.

Le 12 au soir, nous nous trouvâmes en vue des rochers qui avoisinent Madère. Nos marins les nomment *les déserteurs*, du nom françois *déserts* ou *désertes*. Le lendemain, nous mouillâmes à la rade de *Funchal*.

Ayant pris à bord divers rafraîchissemens, et sur-tout beaucoup d'oignons, nous appareillâmes le 19, et deux jours après, nous vîmes l'île de *Palme*, une des Canaries.

Depuis le cap *Lézard*, aucun poisson n'avoit suivi notre vaisseau, probablement parce qu'il étoit doublé de cuivre. Le 26, notre eau commença à se corrompre; nous la purifiâmes à l'aide d'une espèce de ventilateur, embarqué pour cet usage, et au moyen duquel on y entretient un courant d'air continuel, tout aussi long - temps qu'ou le croit nécessaire.

Le besoin d'eau nous ayant fait penser à relâcher aux îles du cap

Vert, nous y mouillâmes le 3o, dans la baie de *Praïa*, à l'île *Saint-Jago*. On étoit alors dans la saison pluvieuse, qui éloigne de cette côte tous les bâtimens; la viande fraîche que nous nous procurâmes, fut bientôt gâtée par la chaleur.

Le 2 août, nous continuâmes notre route, après avoir fait d'excellentes provisions, ce qui n'empêcha pas que la plupart de nos gens ne fussent malades de la fièvre, à cause des chaleurs et des pluies continuelles qui rendoient l'air mal-sain. La carène doublée de cuivre écartant toujours les poissons, nous ne parvînmes à prendre que du *goulu de mer*.

Le 13 septembre, à midi, nous mouillâmes dans la vaste rade de *Rio-Janeiro*, par dix-huit brasses d'eau de profondeur. La ville, qui offre un superbe coup-d'œil, est la résidence du vice-roi du Brésil, dont le pouvoir est sans bornes. Lorsque j'allai lui rendre visite, il me reçut avec beaucoup d'appareil. Environ soixante officiers étoient rangés devant son palais, et la garde, composée de très-beaux hommes, étoit sous les armes. Son excellence vint me recevoir sur l'escalier, à la tête des principaux nobles ; et après une conversation d'un quart-d'heure dans la salle d'audience, je fus reconduit avec les mêmes cérémonies.

Ceux de nos matelots qui étoient malades ayant recouvré leur santé, et les vaisseaux étant parfaitement en état, nous levâmes l'ancre le 16 octobre ; mais nous fûmes obligés d'attendre encore, pendant cinq jours, un vent de terre, qui seul permet de sortir du port.

Le 22, avant de poursuivre notre route, je fis venir à mon bord le commandant de la *Tamar*, et je lui déclarai, devant tous les matelots, que notre destination n'étoit point pour les Indes orientales, comme on avoit pu l'imaginer, mais qu'elle étoit d'aller faire, dans la mer du Sud, des découvertes qui pourroient devenir importantes à l'Angleterre, et que, pour cette raison, les lords de l'amirauté l'amirauté accordoient double paye aux équipages, s'ils se conduisoient bien pendant la traversée. Tous protestèrent avec joie, qu'ils étoient prêts à me suivre par-tout où je les conduirois, et à s'exposer à toutes sortes de difficultés et de périls, pour donner à leur patrie la preuve de leur sincère dévoue-ment.

Dans la matinée du 30 octobre, la température nous parut aussi froide qu'elle l'est ordinairement en Angleterre à la même époque. Cette variation nous fut d'autant plus sensible, que, huit jours auparavant, nous avions éprouvé des chaleurs excessives.

Le 12 novembre, j'entendis crier par ceux qui étoient sur le gaillard d'avant , *terre droit à l'avant*. En regardant de l'avant par-dessous la misaine , je crus m'apercevoir que ce qu'on prenoit pour une île , paroissoit être deux hautes montagnes, et que la terre qui s'y joignoit, se prolongeoit dans le s. e. Des officiers qui montè-rent au haut des mâts , vérifiè-rent cette découverte , et tous as-surèrent qu'ils voyoient une grande étendue de terre. A l'instant , je fis mettre en panne ; la sonde rap-porta cinquante − deux brasses : néanmoins je commençai à crain-dre que nous ne fussions engagés dans une baie.

Nous manœuvrâmes à l'est-sud-est. La terre offroit toujours la même apparence. Les montagnes présentoient le même aspect que l'on y remarque par un temps sombre et pluvieux. Quelques - uns même crurent entendre et voir la mer se briser sur une rive sablonneuse ; mais, après que nous eûmes marché une heure avec la plus grande circonspection, ce que nous avions pris pour une terre s'évanouit tout-à-coup, et nous demeurâmes extrêmement surpris de nous apercevoir que ce n'avoit été qu'*une terre de brume.*

J'ai, depuis vingt-sept ans, fréquenté presque continuellement la mer, et je ne m'étois point fait l'idée d'une illusion si parfaite et si longue ; mais nous ne sommes pas cependant les seuls navigateurs qui y aient été trompés. Il y a peu de temps qu'un *maître* (1) de vaisseau assura avoir vu une île couverte d'arbres, entre l'Irlande et Terre-Neuve. Il est cependant bien sûr que cette île n'existe point, et qu'aucun autre vaisseau n'a pu encore l'apercevoir. Il est également certain que si le beau temps ne fût pas venu dissiper assez promptement ce prestige, tous les hommes de l'équipage auroient juré qu'ils avoient decouvert une terre au 43 deg. 46 ' de latitude sud, et 60 deg. 5 ' de longitude

(1) Ce grade n'a point d'analogue dans la marine françoise, et je crois devoir prévenir que le *master*, chez les Anglois, n'a pas les mêmes fonctions que nos *maîtres d'équipage.*

ouest , hauteur à laquelle nous nous trouvions.

Le lendemain 13, vers les quatre heures du soir, nous essuyâmes un orage assez violent. Le temps, qui étoit fort beau, se couvrit subitement de nuages noirs; au même instant, l'équipage, qui s'étoit rassemblé sur le pont, fut effrayé d'un bruit extraordinaire, semblable à celui des flots agités. J'ordonnai sur-le-champ d'amener les huniers, de haler la misaine et de larguer l'écoute de la grande voile , de peur que nos mâts ne fussent rompus; mais avant que cette dernière manœuvre ne fût achevée, le grain passa sur nous, et coucha notre bâtiment sur le côté. L'écoute de la grande voile renversa le premier lieutenant, le meurtrit et lui cassa trois dents. Enfin le vent se calma par degrés.

Les premiers rayons du jour nous firent voir, le 14 au matin, la mer aussi rouge que du sang, et couverte de coquillages de même couleur, plus petits que nos écrevisses, quoique d'ailleurs assez semblables, et dont nous prîmes une très-grande quantité avec des corbeilles.

Le 17, nous eûmes connoissance du cap Blanc, et nous essuyâmes une tempête qui continua pendant la nuit, et fatigua le vaisseau. En prolongeant la côte, nous vîmes des colonnes de fumée s'élever de divers points, mais nous ne découvrîmes ni arbre, ni arbuste;

la contrée n'offroit que des monti-
cules de sable, pareils aux Dunes
stériles de l'Angleterre. Le 20, nous
reconnûmes l'île *des Pingoins*,
décrite par Narborough. Il y
avoit dans cet endroit des milliers
de pingoins et de veaux marins autour du navire.

Sur le soir, ayant envoyé un
de nos bâtimens à rames, pour reconnoître le port *Desiré*, qui n'est
distant que de trois lieues, nous
vîmes un rocher pyramidal qui
s'élève au-dessus de l'eau; il est
situé sur le côté méridional de
l'entrée du port, et est infiniment propre à l'indiquer. A l'entrée
de la nuit, nous jetâmes l'ancre
à quatre ou cinq milles du rivage.

Le 21, j'envoyai deux bateaux

pour sonder le port, et je les suivis dans mon canot. Descendus à terre, la contrée ne nous présenta qu'une campagne déserte, des collines, du sable, et pas un seul arbre. Nous vîmes la fiente de quelques animaux ; nous aperçûmes même dans l'éloignement, des quadrupèdes qui s'enfuirent à notre approche ; ils étoient assez semblables à des daims, et n'avoient pas moins de quatre pieds quatre pouces de haut : nous jugeâmes que c'étoient des guanaques. De retour aux bateaux , nous abordâmes à une île , où nous tuâmes plus de cinquante veaux marins.

Nous tirâmes un oiseau dont la tête ressembloit beaucoup à celle

de l'aigle ; il avoit un collier ou
une espèce de palatine naturelle
autour du cou ; le plumage de
son dos étoit aussi noir et aussi
brillant que du jais poli ; ses tarses
étoient grands et très-forts, mais
les serres en étoient moins acérées
que celles de l'aigle ; ses ailes
avoient près de douze pieds d'en-
vergure.

Le 23, je fis une excursion de
quelques milles dans cette contrée
stérile et désolée, et nous arrivâmes au bord d'un étang salé, où
probablement des animaux viennent boire, car nous y aperçûmes
les traces de plusieurs, et notamment d'un gros tigre. Nous trouvâmes un nid d'œufs d'autruche,
que nous mangeâmes, et qui nous

parurent un mets très-délicieux.

Un matelot étant tombé du bord, la marée, qui est ici fort rapide, l'entraîna hors de vue, et nous eûmes beaucoup de peine à le sauver.

Le 25, je visitai la rive septentrionale du port; j'y trouvai un canot à deux rames, d'une structure singulière, et un canon d'arme à feu, sur lequel étoient gravées les armes d'Angleterre, et tellement attaqué par la rouille, qu'il en étoit devenu friable : je pensai qu'il avoit été laissé là par quelqu'un de l'équipage du *Wager*, ou par sir John Narborough. Nous ne trouvâmes d'autres végétaux qu'une espèce de pois sauvages. Nous vîmes dans plusieurs endroits, des traces de feu très-peu récentes ; mais nous n'aperçûmes aucun habitant.

Dans notre chasse, nous blessâmes un lièvre ; il courut encore pendant deux milles : enfin nous le prîmes, et nous fûmes fort surpris de voir que la balle lui avoit traversé le corps. Les lièvres de cette contrée ont la chair blanche et d'un goût agréable. Nous tuâmes aussi un petit animal très-laid, dont l'odeur infecte nous empêcha d'approcher.

Quelques-uns de nos gens ayant tué deux guanaques sans pouvoir les emporter, j'envoyai, le lendemain, des personnes de l'équipage pour les chercher, mais les tigres en ayant mangé la chair ; ils ne

trouvèrent que les débris des os,
que ces animaux avoient même
cassés pour en sucer la moëlle.

Le 27, ceux que j'envoyai à la
chasse, trouvèrent les os et le crâne
d'un homme ; ils nous amenèrent
aussi un jeune guanaque, que nous
apprivoisâmes au point de nous lé-
cher les mains à peu près comme
un veau, mais il mourut au bout
de quelques jours.

Ayant remonté le canal dans
mon canot, l'espace d'environ
douze milles, nous abordâmes à
une île dont il s'envola une si
grande quantité d'oiseaux lorsque
nous y descendîmes, que le ciel
en fut obscurci ; nous en tuâmes
plusieurs à coups de pierres et de
bâtons ; nous ne pouvions faire un

pas

pas sans écraser des œufs ; nos gens en mangèrent un grand nombre, qu'ils firent cuire lorsque nous eûmes quitté l'île, quoique dans presque tous il y eût des petits.

Dans cette excursion, notre chirurgien tira un serval ou chat-tigre. Cet animal est fier et intrépide, quoique petit ; et malgré sa blessure mortelle, il résista long-temps encore aux vives attaques de mon chien.

Le 29, deux matelots qui se rendoient au puits que nous avions creusé pour faire de l'eau, trouvèrent un gros tigre qui étoit couché près de là ; il les regarda l'un et l'autre, quelque temps, avec assez d'indifférence : ceux-là, choqués de se voir traiter avec cet air mé-

prisant qu'eut le lion pour le che-
valier de la Manche, et n'ayant
point d'armes à feu, lui jetèrent
des pierres. Le tigre demeuroit
toujours couché, sans faire attention à cette insulte ; mais il se leva
doucement, et prit la fuite, lorsqu'il vit arriver le reste de la
troupe.

Nous quittâmes le port *Desiré*
le 5 décembre, sur les cinq heures
du soir, avec un vent frais.

CHAPITRE II.

Route au port Famine, aux îles Falkland, et navigation par le détroit de Magellan, jusqu'au cap Monday.

QUELQUES jours après notre sortie du port *Desiré*, nous cherchâmes à découvrir les *Sébaldes*. Le temps étoit généralement beau, mais froid. Nous demeurâmes convaincus que la longueur des jours étoit la seule différence qui existât entre l'été de ces climats et l'hiver de l'Angleterre.

Le 15, nous éprouvâmes de terribles coups de mer, et le 20, nous doublâmes le cap *Beautemps*, et nous atteignîmes celui *des Vierges*.

Pendant toute l'après-midi, nous vîmes une fumée très-considérable. Le lendemain, nous gouvernâmes sur le lieu d'où paroissoit toujours sortir la même fumée, et nous jetâmes l'ancre à deux milles du rivage. C'est dans ce même endroit, qu'après la perte du vaisseau le *Wager*, ceux qui passoient le détroit dans la chaloupe, virent des hommes à cheval déployer une espèce de drapeau blanc, en leur faisant signe de prendre terre.

J'eus le même spectacle qu'avoient eu les gens du *Wager*. Je vis, avec ma lunette, des hommes à cheval arborer une espèce de pavillon blanc, et nous faire signe de débarquer. Je m'avançai vers le rivage, dans un canot, avec

M. Marshall , mon second lieutenant. M. Cumming , mon premier
lieutenant , nous suivit dans un
autre. Cette troupe d'hommes se
montoit à environ cinq cents, dont
le plus grand nombre étoit à cheval ; ils n'avoient aucune arme
dans les mains ; cependant je leur
fis signe de se retirer en arrière, ce
qu'ils firent aussitôt, en continuant
de nous appeler à grands cris. Bientôt nous prîmes terre ; je fis rester
ma troupe sur le rivage , et je m'a-
vançai seul. Les Indiens se reti-
rant à mesure que je m'approchois,
je fis signe à l'un d'eux de s'avancer. A l'instant un Patagon qui me
comprit , vint à ma rencontre. Il
étoit d'une stature gigantesque ; ses
épaules étoient couvertes d'une peau

d'animal, semblable aux man-
teaux des montagnards d'Ecosse;
son corps étoit peint de la manière
du monde la plus hideuse ; il avoit
un de ses yeux entouré d'un cercle
noir , et l'autre d'un cercle blanc ;
le reste du visage étoit sillonné de
lignes bizarres et diversement co-
loriées. En comparant sa hauteur
à la mienne, je jugeai qu'elle n'é-
toit pas au-dessous de sept pieds (1).
A l'instant où ce colosse me joignit,
nous prononçâmes l'un et l'autre
quelques paroles en forme de salut.
Je fus avec lui vers ses compagnons,
auxquels je fis signe de s'asseoir,
ce qu'ils eurent la complaisance de
faire. (*Voy.* Planche 1ère, I.er Atlas.)

(1) Le pied anglois est d'environ un
pouce plus court que le pied de France,

Il y avoit parmi eux des femmes d'une taille proportionnée à celle du chef qui m'étoit venu joindre.

Je vis un certain nombre de vieillards qui chantoient d'un ton si grave et si plaintif, que je conjecturai qu'ils faisoient quelqu'acte religieux. Tous étoient peints et vêtus à peu près de la même manière ; les cercles de leurs yeux différoient seulement par la couleur ; leurs dents, unies et bien rangées, avoient la blancheur de l'ivoire : la plupart étoient nus, ou n'avoient qu'une peau jetée sur les épaules, le poil en dedans. Quelques - uns portoient des bottines avec des chevilles de bois aux talons, en guise d'éperons. Je leur distribuai des grains de rassade, jaunes et blancs, qu'ils parurent recevoir avec beaucoup de plaisir.

Ensuite je pris une pièce de ruban vert, j'en fis tenir le bout par l'un d'eux ; je la développai dans toute sa longueur, en la faisant tenir par ceux qui se trouvoient placés de suite. Tous restèrent tranquillement assis ; aucun d'eux ne chercha à arracher le ruban des mains des autres, quoiqu'il parût leur faire plus de plaisir que les grains de rassade. Alors je coupai ce ruban par morceaux, et je les leur nouai, à chacun, autour de la tête ; ils les gardèrent, sans y toucher, tout le temps que je fus avec eux. Aucun Patagon ne quitta la place que je lui avois assignée. Cette conduite paisible leur est d'autant plus honorable , que mes présens ne purent s'étendre à tous.

Ceux qui ont lu les fables de *Gay*, s'ils se forment une idée d'un Indien presque nu , qui , paré de colifichets d'Europe , va rejoindre ses compagnons dans les forêts , pourront se rappeler *le singe qui avoit vu le monde*. Néanmoins, avant de trouver ridicule leur goût pour des morceaux de verre, des grains de collier , des rubans, etc. il faudroit faire attention que ces ornemens sont , pour les sauvages, les mêmes que ceux des nations policées. La valeur même que nous attachons au diamant, est plus arbitraire encore que celle que les sauvages mettent au verre. Le plaisir que nous

éprouvons de posséder un diamant,
est moins fondé sur son éclat que
sur une distinction flatteuse pour
notre vanité. Il faudroit encore
considérer qu'un sauvage est plus
distingué par quelques verroteries,
qu'on ne peut l'être chez un peuple civilisé par une pierre pré-
cieuse.

J'aperçus, parmi ces Indiens, une
femme qui portoit des bracelets de
cuivre ou d'or pâle , et quelques
grains de collier attachés aux tresses
de cheveux qui lui flottoient sur
les épaules. Malgré tous mes signes, je ne pus parvenir à savoir d'où elle se les étoit procu-
rés. Un d'entr'eux me fit comprendre, en me montrant une pipe
de terre rouge , que la troupe

manquoit de tabac. Je fis un signe, et aussitôt trois ou quatre de mes gens accoururent, croyant que j'avois besoin de leur secours. Les Indiens, qui les avoient toujours attentivement considérés, ne les virent pas plutôt avancer, qu'ils s'enfuirent en jetant de grands cris, et sans doute avec l'intention d'aller chercher leurs armes. Pour prévenir tout événement, je criai à mes gens d'apporter du tabac. Les Patagons, revenus de leur frayeur, reprirent tous leur place, à l'exception d'un vieillard qui s'approcha de moi, et me chanta une longue chanson que je regrettai de ne pouvoir comprendre.

Le vieillard chantoit encore, lorsque M. Cumming arriva avec du tabac. Je ne pus m'empêcher de rire de sa surprise. Cet officier, qui avoit six pieds, n'étoit, pour ainsi dire, qu'un pygmée auprès de ces géans ; et en effet, l'on peut facilement s'imaginer quelle impression devoit faire sur nous la vue de cinq cents hommes, dont les plus petits n'avoient pas moins de six pieds six pouces, et dont la carrure et la grosseur des membres étoient parfaitement proportionnées à cette stature colossale.

Après la distribution du tabac, quelques vieillards m'engagèrent, par signes, à monter à cheval et à les suivre ; mais je me refusai à cette invitation. Pendant cette pantomime, un autre vieillard posoit sa tête sur des pierres, fermoit

les

les yeux l'espace d'une demi-mi-
nute, portoit ensuite la main à sa
bouche, et montroit le rivage,
probablement pour me dire que si
je passois la nuit à terre, ils me
fourniroient des provisions; mais
je m'y refusai également.

J'observai, avant de quitter les
Patagons, qu'ils avoient avec eux
beaucoup de chiens dont ils se servent sans doute pour la chasse des
bêtes fauves. Leurs chevaux sont
petits et de mauvaise apparence;
les femmes et les hommes les mon-
tent également sans étriers.

Je remontai à bord, et nous entrâmes, avec le flot, dans le détroit
de *Magellan*, dont la largeur est
de neuf lieues, ayant le projet de
mouiller dans un endroit commode,

pour faire de l'eau et du bois
avant de faire route pour les îles
Falkland. En prolongeant la côte
méridionale, nous ne vîmes qu'un
seul Indien qui ne cessa de nous
faire des signes, tout le temps qu'il
put nous apercevoir. Le soir, six
Indiens de l'île *Sainte-Elisabeth*
nous appelèrent à grands cris, et
firent des efforts inutiles pour venir nous joindre; car les matelots
étoient trop fatigués pour mettre
un canot en mer.

Le 24 décembre, je visitai la
pointe *Sandy*. Cette pointe est boisée;
elle offre de belles sources d'eau
douce; les arbres et la verdure y
présentent le spectacle le plus
agréable. Au-dessus de la pointe,
la contrée devient une plaine unie

dont le sol nous parut fertile ; les fleurs qui couvroient la terre, embaumoient l'air d'un parfum délicieux. Parmi la multitude prodigieuse de plantes qui y croissoient, nous distinguâmes des pois dont les tiges étoient fleuries. Nous cheminâmes environ douze milles sur les bords de cette belle contrée qui forme une riante prairie émaillée de fleurs, entrecoupée de plusieurs ruisseaux dont l'eau étoit douce et limpide, et au milieu de laquelle paroissoient des centaines d'oiseaux auxquels nous donnâmes le nom d'*oies peintes*, à raison des couleurs brillantes de leur plumage ; mais nous ne pûmes parvenir à découvrir la baie d'*eau douce*, le principal objet de notre recherche.

Nous trouvâmes beaucoup de cabanes de sauvages récemment abandonnées ; les feux qu'on y avoit allumés étoient à peine éteints.

Le 27, nous jetâmes l'ancre près du rivage, dans la baie *Famine*. On voit flotter, le long des côtes, une quantité si considérable de bois, qu'on en pourroit charger mille vaisseaux. L'eau de la *Sedger*, qui se décharge dans la baie, est très-bonne. Les bâtimens à rames ne peuvent guères commencer à remonter cette rivière, que deux heures après le flux.

Les rives de la *Sedger* sont bordées d'arbres grands et superbes ; il est difficile qu'on en puisse trouver qui aient une plus belle élévation ; ils seroient très - propres à fournir nos plus gros vaisseaux de mâts excellens. Il y a de ces arbres qui ont huit pieds de diamètre, sur environ vingt-quatre pieds de circonférence, en sorte que quatre hommes, en se tenant les mains, ne pourroient pas les embrasser. On trouve ici le poivrier et l'écorce de Winter. La beauté de ces végétaux est encore augmentée, malgré la rigueur du climat, par la présence d'une multitude de perroquets et d'autres oiseaux parés du plumage le plus magnifique. Tous les jours, nous prenions plus de poissons et de volailles qu'il n'en étoit nécessaire pour nourrir nos deux équipages.

Le pays compris entre le port *Famine* et le cap *Forward*, nous parut très-agréable et propre à la culture de toutes les plantes utiles. Il est arrosé par trois belles rivières et plusieurs ruisseaux. Les montagnes me parurent, dans l'éloignement, d'une très-grande hauteur, escarpées et couvertes de neige depuis leur sommet jusqu'à leur base.

Trois lavandiers s'étant endormis, un soir, dans une tente que j'avois fait dresser au bord d'un ruisseau, furent réveillés, la nuit, par les rugissemens de plusieurs bêtes féroces. Dans l'espèce d'abandon où ils se trouvoient, et dont les ténèbres de la nuit augmentoient encore l'horreur, ils se levèrent tremblans et allumèrent du feu qu'ils entretinrent toute la nuit. Cet expédient écarta ces terribles animaux, qui ne cessèrent pas cependant de rugir jusqu'au point du jour, qu'ils disparurent, enfin, à l'inexprimable satisfaction de nos pauvres matelots.

Rien ne nous retenant plus au port *Famine*, nous en appareillâmes le 5 janvier, pour rentrer dans l'Océan et reconnoître les îles *Falkland*.

Le 15 janvier, à huit heures, nous vîmes une ouverture qui avoit l'apparence d'une baie, et nous envoyâmes un canot de chaque vaisseau pour la reconnoître. Bientôt la mer devint houleuse, et je craignis que la tempête ne nous fût très-funeste, ainsi qu'à nos canots qui se trouvoient exposés au milieu des vagues. A trois heures, je joignis

le canot de la *Tamar*, commandé
par M. Grudman, second lieutenant ; il m'apprit qu'il avoit re-
connu cette ouverture, qui étoit
une baie très-commode, et qu'il y
avoit pris terre. En approchant
de cette baie , nous trouvâmes
qu'elle surpassoit nos espérances :
elle en renferme deux autres plus
petites, où les vaisseaux peuvent
mouiller dans la plus parfaite sé-
curité. Chacune de ces baies sert
d'embouchure à un ruisseau dont
les eaux sont très-fraîches. Nous
entrâmes ensuite dans la baie la
plus étendue, que nous nommâmes
Port Egmont , en l'honneur du
comte d'Egmont, premier lord de
l'amirauté. Je ne crois pas qu'il y
ait au monde de plus beau port ;

toute la marine d'Angleterre pourroit y mouiller à l'abri des vents.

Les oies, les canards, les sarcelles s'y trouvent en si grande abondance, que nous étions las d'en manger. Un canot nous amenoit souvent environ soixante belles oies, sans avoir tiré un coup de fusil, car il suffisoit de se servir de pierres. L'on ne trouve ici d'autre bois que des troncs d'arbres flottant le long des côtes, et qui y sont probablement apportés du détroit. Le céleri et l'oseille sauvage peuvent servir de spécifiques efficaces contre le scorbut; il en croît une quantité prodigieuse.

Sur les côtes, on rencontre beaucoup de lions de mer; il y en a qui sont d'une taille énorme : ces

animaux nous parurent très-redou-
tables ; un seul d'entr'eux se dé-
fendoit quelquefois une heure en-
tière contre douze chasseurs.

Une fois je fus attaqué subitement par un de ces lions, et j'eus
beaucoup de peine à m'en débar-
rasser ; un chien très-fort qui étoit
avec moi, fut mis en pièces d'une
seule morsure ; quatre de ces bêtes
féroces vinrent même attaquer un
de nos canots, mais elles furent
repoussées avec les armes à feu :
d'aussi loin qu'elles apercevoient
nos gens, elles couroient sur eux ;
en un seul jour nous en tuâmes cinq
des plus acharnées.

Le lion marin est de la grosseur
d'un chien de moyenne taille ; il
ressemble assez au renard, quoi-

qu'il en diffère par la queue, et, comme cet animal, il vit dans des terriers. Leurs dents sont longues et tranchantes ; ils dévorent les loups marins et les pingoins, car nous en avons trouvé des membres épars oc des peaux, auprès des trous où ils se retirent. Pour n'en être point incommodés, nous mîmes le feu aux bruyères qui couvroient la campagne, et l'incendie dura plusieurs jours.

Pendant notre séjour dans ce port, les hommes de l'équipage déjeûnèrent tous les matins avec une soupe de gruau et de céleri sauvage. Avant de partir, je pris possession du port et des îles voisines nommées *Falkland*, au nom de sa majesté le roi de la Grande-

Bretagne. Les îles Falkland sont la terre vue par Cowley, et appelée par lui île *Pepys*.

Les deux principales îles Falkland reçurent ce nom de *Strong*, vers l'an 1689. Le capitaine *Davies*, associé de *Cavendish*, passe pour en avoir fait le premier la découverte en 1592. En 1594, sir *Richard Hawkins* vit une terre, qu'on présume être la même, et à laquelle il donna le nom de *Virginie d'Hawkins*, en l'honneur de la reine Elisabeth. Enfin Frézier les nomma *Malouines*, à cause de la découverte qu'en firent, long-temps après, quelques vaisseaux de Saint-Malo.

Le dimanche 27 janvier, nous sortîmes du port *Egmont*, et nous

eûmes

eûmes, dans la journée, la vue de deux caps remarquables, que je nommai, l'un, le cap *Tamar*, et l'autre le cap *Dauphin*. Pendant notre route des îles *Falkland* au port *Desiré*, notre vaisseau étoit tellement environné de baleines, que cette traversée devint très-dangereuse; nous faillîmes même donner sur l'une d'elles. Près du port, je joignis la *Floride*, vaisseau qui m'étoit expédié d'Angleterre, chargé d'approvisionnemens en vivres indispensables pour notre voyage. M. Dean, qui le montoit, m'informa de son mauvais état, et nous convînmes que ce vaisseau gagneroit quelque port du détroit de Magellan, où nous pouvions plus aisément prendre à bord les provisions. C'est ce que nous fîmes, après y avoir fait quelques réparations nécessaires, ainsi qu'à la frégate la *Tamar*.

Le 16, nous découvrîmes un vaisseau qui sembla, pendant plusieurs jours, régler sa marche sur la nôtre, ce qui me le rendit suspect.

Le 18, je fus obligé de mettre en travers pour attendre la *Floride*: nous restâmes à l'ancre jusqu'au lendemain matin, que nous aperçûmes notre satellite, qui s'y étoit mis également. M'imaginant qu'il vouloit s'opposer à notre navigation, je fis mettre huit canons sur le pont, afin d'être prêt à me défendre ; cependant le vaisseau commença à s'approcher sans arborer de pavillon. En ce moment, la *Floride*, qui venoit mouiller auprès de nous, échoua sur un banc de sable. Alors le bâtiment étranger, qui n'en étoit pas éloigné, arbora pavillon françois, et envoya, à son secours, deux canots avec une ancre. A l'instant, j'envoyai deux canots du *Dauphin* et un de la *Tamar*, avec l'injonction de ne pas laisser les François monter à bord, et de les remercier honnêtement ; ce qui fut exécuté. Nos canots, après avoir remis la *Floride* à flot, revinrent m'apprendre que le navire françois paroissoit contenir un nombreux équipage.

Le 20, nous jetâmes l'ancre au port *Famine*, où nous restâmes jusqu'au 25, jour auquel nous en partîmes, après avoir pris à bord les provisions apportées par la *Floride*. J'ordonnai au capitaine de ce bâtiment de faire voile pour l'Angleterre, aussitôt qu'il le pourroit.

Dans la journée, nous revîmes le vaisseau françois ancré dans une anse, au sud de la pointe *Shut-up*, où il avoit coupé beaucoup de bois; nous nous imaginâmes qu'il venoit de la petite colonie françoise établie aux îles Falkland, pour charger du bois ou reconnoître le détroit. La première supposition me fut confirmée à mon retour en Angleterre, où je sus que ce navire étoit l'*Aigle*, monté par M. de Bougainville.

En continuant notre route, nous

vîmes les montagnes qui bordent le détroit aux environs de la baie de *Wood;* elles sont à pic, aussi affreuses que les Cordillières, et comme ensevelies sous la neige.

Le premier mars, lorsque nous eûmes dépassé le cap *Quad,* plusieurs pirogues de sauvages vinrent à nous; l'une d'elles, construite en écorce, nous joignit; elle étoit conduite par quatre hommes, deux femmes et un enfant, qui montèrent à bord. Ils n'avoient qu'une peau de loup marin sur leurs épaules; ils portoient des arcs et des flèches faites de roseaux, armées d'un caillou verdâtre. Le soir, nous fûmes encore visités par des Américains, auxquels je fis de petits présens : je descendis ensuite à terre avec plusieurs officiers, et ils nous présentèrent quelques fruits qu'ils avoient cueillis pour nous.

Le 4 mars, nous mouillâmes à la rade d'*Yorck*, où nos vaisseaux se tinrent à l'ancre. Pendant ce temps, je remontai, sur une *ïole*, la rivière *Batchelor*, dont l'eau est bonne, et qui étoit alors profonde ; mais l'eau y est très-basse avant le flot. Le 10 mars, à environ trois lieues du cap *Upright*, nous manquâmes de toucher sur des rescifs ; et si le vaisseau n'eût pas viré promptement, nous eussions infailliblement péri.

Le 14, un officier que j'avois envoyé avec un canot pour reconnoître un mouillage, revint avec un chien qui lui avoit été donné

par des Américains qu'il avoit rencontrés : une femme lui avoit même
offert un enfant qu'elle avoit à la
mamelle. On pense bien que cette
offre fut refusée ; mais elle indique
une dépravation ou une misère in-
concevables , qui peuvent seules
étouffer le premier sentiment de la
nature.

A cette époque, l'hiver commençoit à régner sur ces tristes
climats ; la neige couvroit les montagnes que nous avions vues découvertes en arrivant. Les matelots
étant continuellement exposés au
froid et à la pluie, je fis distribuer
indistinctement, à toutes les personnes de l'équipage, deux balles
d'un gros drap de laine. Nos matelots ne se laissèrent point décou-

rager ; malgré tant de motifs de mécontentement, ils conservèrent leur gaîté et leur santé, et nous atteignîmes, le 21, malgré les courans et les pluies continuelles, la baie située à l'orient du cap *Monday*.

CHAPITRE III.

Navigation depuis le cap Monday jusqu'à la sortie du détroit de Magellan. —Découverte des îles du roi Georges.

LE 23 mars, nous poursuivîmes notre route pour entrer dans la mer du Sud. Le 4 avril, l'officier d'un canot envoyé pour reconnoître un mouillage, me rapporta qu'il avoit vu des pirogues américaines, faites avec des planches jointes ensemble, tandis que toutes celles que nous avions vues jusqu'a-lors, n'étoient faites que d'écorces d'arbres, avec un bâton au milieu pour les tenir écartées, de la même manière que les enfans font des bateaux avec des cosses de pois. Les Américains qui les montoient lui parurent plus abrutis que tous les autres; ils étoient nus, malgré le froid, et ils se nourrissoient de chair de baleine putréfiée; l'un d'eux partageoit avec les dents ce mets dégoûtant, et en distribuoit les morceaux à ses compagnons qui les dévoroient avec avidité. Un de nos matelots s'étant endormi, ils lui coupèrent le pan de son habit avec un caillou tranchant.

Je descendis à terre, et me rendis auprès de plusieurs Indiens, que nous ne pûmes, dans ce premier instant, déterminer à venir à bord. Je leur donnai du biscuit, et je ne fus pas peu agréablement surpris de voir que, lorsqu'un morceau tomboit, aucun ne le prenoit sans ma permission. Lorsqu'ils virent nos gens occupés à faucher de l'herbe pour des moutons qui nous restoient encore, ils en apportèrent une si grande quantité, qu'ils en emplirent le bateau. Ce ne fut qu'avec beaucoup de difficultés que je parvins à les faire entrer dans notre vaisseau; lorsqu'ils y furent, pour les égayer, quelques matelots se mirent à danser, tandis qu'un bas-officier jouoit du violon. Ils en

furent tellement charmés, que l'un
d'eux, pour témoigner sa satisfaction, alla chercher un petit sac
de peau de loup marin, qui contenoit de la graisse rouge dont il
frotta le visage du musicien ; il
voulut me faire le même honneur,
et fit tout ce qu'il put pour vaincre
ma modestie sur ce point ; mais je
me garantis, quoiqu'avec beaucoup
de peine, de recevoir cette marque
de distinction. Ils avoient conçu
pour nous une si vive amitié, qu'il
nous fut très-difficile de les faire
redescendre dans leur canot.

Le 9 avril, nous atteignîmes la
hauteur du cap *Pillar* : la mer
étoit extrêmement houleuse, et à
chaque instant je craignois de voir
les vents d'ouest nous repousser

plusieurs lieues en arrière dans le canal ; mais un vent du S. E. s'étant élevé, je déployai toutes les voiles, et je m'éloignai de ces côtes en faisant sept milles par heure : à huit heures du soir, nous en étions à vingt lieues.

C'est ainsi que nous sortîmes, le 9 avril, du détroit de Magellan où nous étions entrés le 17 février. Les difficultés que nous eûmes à y supporter, sont inséparables de la saison équinoxiale ; mais un vaisseau qui y entreroit au mois de décembre, pourroit le parcourir en trois semaines : d'ailleurs, il sera toujours préférable de traverser ce détroit, plutôt que de doubler le cap *Horn*, parce qu'on peut s'y procurer du céleri, du cochléaria,

et

et divers végétaux anti - scorbutiques ; aussi, durant le temps que nous y fûmes, personne de mon équipage ne fut attaqué du scorbut ni d'aucune autre maladie.

Nous eûmes en vue l'île Masafuero le 26 avril : les nuages nous cachèrent celle de *Juan-Fernandès*. Le 27, nous approchâmes tout-à-fait de la partie septentrionale de l'île, pour y chercher un mouillage ; elle présente un aspect fort agréable. L'île est presque totalement boisée ; il y a seulement quelques prairies où paissent des chèvres sauvages. Nous mouillâmes, le 28, sur un banc de sable, du côté de l'est ; il y a, vis-à-vis, une cascade qui fournit une bonne eau. La côte étant garnie d'un rescif, ceux que j'envoyai faire de l'eau, étoient pourvus de scaphandres de liége, au moyen desquels ils descendirent aisément ; mais plusieurs faillirent être dévorés par de gros poissons, appelés *goulus de mer*. Un de ces animaux, long de vingt pieds, avala d'un trait un énorme veau marin, à la vue d'un de nos bateaux. Nos gens tuèrent plusieurs chèvres, qui avoient un très-bon goût ; l'une d'elles avoit déja été prise ; elle avoit à l'oreille droite une fente qui paroissoit avoir été faite exprès pour la marquer.

Le soir, les vagues étoient si fortes, qu'un canonnier et un matelot, qui étoient à terre, n'osèrent s'exposer à gagner le canot qu'on leur envoya. Le lendemain, la lame

étoit encore si grosse, qu'ils refusèrent de nouveau de rejoindre le
bateau : je leur fis savoir qu'il seroit possible que quelque coup de
vent chassât pendant la nuit le vaisseau, et qu'on se verroit obligé de
les abandonner. Alors le canonnier
vint à la nage jusqu'au canot ; mais
le matelot, qui n'avoit qu'un cor-
set de liége, et qui ne savoit pas
nager, ne voulut point s'exposer à
se jeter à la mer ; il dit qu'il préfé-
roit rester dans l'île. Il fit des
adieux touchans à ses camarades,
et leur souhaita toutes sortes de
prospérités. Un des contre-maîtres
se jeta à la nage avec le bout d'une
corde, et se rendit auprès du pau-
vre matelot qui se désoloit ; puis,
tout en lui faisant des remontrances,

sur sa résolution, il lui passa adroitement autour du corps la corde à laquelle il avoit fait un nœud coulant, et cria à ceux qui étoient dans le canot, de le tirer à eux : on le ramena ainsi au canot ; mais il but tant d'eau, qu'on fut obligé de le suspendre par les pieds pour lui faire reprendre ses sens.

Ce jour-là, je nommai M. Cumming, mon premier lieutenant, commandant de la *Tamar*, et M. Monat, capitaine du *Dauphin* sous mes ordres. M. Carteret passa à mon bord, en remplacement de M. Cumming, et je délivrai à M. Kendal, contre-maître du *Dauphin*, la commission de second lieutenant de la *Tamar*.

Le 22 mai, nous étions à la hau-

teur de 20 deg. 52 ' de latitude sud,
et 115 deg. 38 ' de longitude ouest.
Malheureusement, mes meilleurs
matelots commencèrent à être attaqués du scorbut. Le 7 juin, nous
reconnûmes deux petites îles; dans
la plus grande, qui portoit environ cinq lieues de tour, il y avoit
des bosquets de grands arbres, qui
en rendoient l'aspect ravissant. Les
Indiens qui l'habitoient, allumèrent
des feux sur la plage : c'étoit sans
doute un signal; car aussitôt nous
en vîmes paroître un également sur
l'autre île; nous ne pûmes y trouver de mouillage. Les matelots at-
teints du scorbut, regardoient triste-
ment de dessus les gaillards où ils
s'étoient traînés, cette riante contrée dont l'entrée leur étoit inter-

dite ; ils y voyoient des cocotiers avec leurs fruits , dont le lait est un des plus efficaces anti-scorbutiques que l'on connoisse ; ils supposoient, avec raison , qu'on eût pu s'y procurer des limons , des bananes , et beaucoup d'autres fruits. Le rivage étoit couvert d'écailles de tortues ; et il leur étoit aussi impossible de se nourrir de tous ces mets rafraîchissans, que s'ils eussent été placés à l'extrémité du monde: C'est une des situations de la vie de l'homme où sa raison a bien peu d'empire sur ses desirs.

Pendant que nous prolongions la côte, les Indiens accoururent, en criant et en menaçant de leurs piques ; ils se laissoient tomber à terre, et y restoient quelque temps, comme

s'ils eussent été inanimés, appa-
remment pour nous dire qu'ils nous
tueroient si nous abordions. Plusieurs d'entr'eux se prosternoient
fréquemment devant deux piques
fichées en terre, et surmontées d'un
lambeau flottant, comme pour in-
voquer la protection de quelque
puissance invisible.

J'envoyai encore une fois des canots pour reconnoître la côte; mais
les Indiens les accueillirent avec les
mêmes signes d'inimitié. Ce fut en
vain qu'on leur jeta du pain, et
plusieurs choses qui pouvoient leur
être agréables, pas un d'eux n'y
toucha. Ils retirèrent leurs pirogues
dans le bois, et s'avancèrent dans
l'eau pour s'emparer d'un bateau.
Nos gens vouloient tirer sur eux;

mais l'officier qui les commandoit
le leur défendit, parce qu'il ne pouvoit nous en revenir d'autre avantage que le plaisir de la vengeance,
l'île étant inaccessible. Ces sauvages
ont une couleur bronzée ; jamais
je n'ai vu d'hommes plus agiles.

Le lendemain, nos canots, qui
cherchèrent inutilement un mouillage près de la seconde île, furent
reçus de la même manière par les
Indiens qui l'habitoient ; une pièce
de huit livres de balles, tirée par-
dessus leur tête, les fit fuir dans les
bois. Nous quittâmes enfin ces îles,
auxquelles je donnai le nom d'*îles
de Disappointment.*

Le 9 juin, nous aperçûmes une
des îles du *roi Georges :* elle est
longue, et entourée d'un rocher de

çorail : dans les terres, on voit un lac d'eau salée, au milieu duquel est un îlot où se trouve bâti un village indien. Lorsque nous eûmes mis nos canots en mer, les sauvages s'avancèrent dans l'eau, en poussant de grands cris, et armés comme ceux des îles *Disappointment*; il y en avoit un qui portoit une perche surmontée d'une natte, que nous prîmes pour un étendard. Un de ces Indiens entra dans le canot de la *Tamar*, s'empara de la veste d'un matelot, et l'emporta en nageant entre deux eaux jusqu'à la côte : un autre saisit le chapeau d'un contre - maître ; mais celui-ci eut le temps de faire échouer son dessein, parce que, ne sachant comment le prendre, il le tira à lui, au lieu de le lever.

Nous atteignîmes une autre île, où je m'aperçus que deux grandes pirogues couroient sur nous; nos canots leur donnèrent la chasse, et les forcèrent d'échouer; mais comme les Indiens parurent disposés à empêcher à main armée une descente, nos gens se virent contraints à faire feu, et ils en tuèrent deux ou trois; un d'entr'eux, quoique percé de trois balles, leva une grosse pierre, et mourut en la lançant sur nos bateaux. Les sauvages emportèrent les morts; mais ils n'osèrent pas enlever celui qui tomba près de nous. Nos canots prirent les deux pirogues, longues d'environ trente-deux pieds, et attachées ensemble par des pièces de bois;

elles étoient de planches cousues, et l'on y remarquoit même des sculptures. J'ai encore la voile de natte, qui est très-ingénieusement faite. Un coup de canon tiré par-dessus la tête des Indiens, suffit pour les faire disparoître pendant le temps que nous restâmes près de l'île.

Nous visitâmes, le lendemain, les maisons des sauvages, et nous trouvâmes, dans une d'elles, la manivelle d'un gouvernail qui doit avoir appartenu à une chaloupe hollandoise. J'y trouvai quelques petits outils de fer, un morceau de fer battu et du cuivre, dont je m'emparai : nous leur laissâmes une espèce de hache, dont le tranchant étoit une coquille d'huître. Le rivage étoit couvert de grosses huî-

tres perlières : l'on pourroit peut-
être y établir la plus abondante
pêcherie de perles qu'il y eût au
monde.

Les rafraîchissemens que cette
île nous procura, nous furent tellement utiles, qu'il n'y eut personne
qui ne guérît du scorbut.

Le 12, nous reconnûmes une
autre île à l'ouest; nous en côtoyâ-
mes le rivage, et une multitude
d'Indiens armés nous suivirent durant l'espace de plusieurs lieues,
Nos bateaux s'approchèrent de la
côte, vis-à-vis un village indien :
alors un vieillard s'avança jusqu'au
bord de la mer, accompagné d'un
jeune homme. La barbe blanche
du vieillard lui descendoit très-
bas; il tenoit un rameau vert à

la

la main, et il prononça un grand discours d'un ton cadencé. Lorsqu'il eut fini, il nous jeta son rameau, et accepta les présens qu'on lui jeta également. Un officier se hasarda à aller jusqu'au rivage, où il fut considéré avec curiosité par les Indiens, qui admirèrent sur-tout sa veste; il leur en fit présent : aussitôt un Indien lui dénoua sa cravate, qu'il emporta, et disparut sur-le-champ. Alors l'officier regagna, comme il put, son canot à la nage.

Nous donnâmes à ces différentes îles le nom d'*îles du roi Georges*.

Du 13 juin au 2 juillet, nous découvrîmes plusieurs terres, dont deux principales, que nous nommâmes, l'une, *île du prince de Galles*, et l'autre, *île du duc d'Yorck*.

La population de toutes ces basses îles doit nécessairement faire soupçonner l'existence d'un grand continent, que je me serois flatté de rencontrer, si je n'avois été détourné de cette recherche par la mauvaise santé des équipages.

Le 3 juillet, nous vîmes une île extrêmement peuplée : environ un millier d'Indiens étoient rassemblés sur la grève, et bientôt plusieurs d'entr'eux vinrent autour de notre vaisseau, dans une soixantaine de pirogues. Après nous avoir considérés quelque temps, un de ces sauvages monta sur le plat-bord de notre navire, où il s'assit en riant aux éclats ; puis il chercha à voler tout ce qui se présentoit à lui, ce qui lui fut impossible, parce qu'étant nu, il ne pouvoit rien cacher. Les matelots l'affublèrent d'une veste et de grandes culottes : dans cet accoutrement, il avoit toutes les manières d'un singe habillé, ce qui nous amusa beaucoup ; ensuite il regagna sa pirogue dans cet habillement, après avoir mangé avec avidité du pain qu'on lui donna. Plusieurs sauvages, à son exemple, se glissèrent par les sabords, où ils prirent tout ce qu'ils purent, et se sauvèrent à la nage ; ceux qui avoient quelques effets dans les mains, les tenoient hors de l'eau, pour ne pas les mouiller.

Ces Indiens, d'une taille avantageuse et bien proportionnée, ont le teint clair, quoiqu'un peu bronzé ; sur leur visage se peignoit la valeur

et la gaîté : leurs cheveux sont noirs;
ils les laissent croître, et les atta-
chent derrière leur tête ; ils sont d'ail
leurs absolument nus. Leurs oreilles
percées nous parurent destinées à
recevoir des ornemens, car celles
de quelques-uns de ces sauvages leur
tomboient sur les épaules. Un des
insulaires, très-considéré par les
autres, avoit autour des reins un
cordon chargé de dents humaines;
il ne voulut pas échanger cette ceinture, qui étoit probablement un tro-
phée de ses exploits guerriers. Nous
observâmes que plusieurs étoient
armés d'une lance, large par un
bout, et garnie dans sa longueur, de
trois pieds, de dents de *goulus de
mer* fort tranchantes. Ce fut en vain
que nous leur montrâmes des noix

de cocos, pour leur faire comprendre que nous en avions besoin ; au
lieu de nous en procurer d'autres ,
ils vouloient encore nous dérober
celles que nous avions.

Mes officiers voulurent donner
mon nom à cette île, et ils l'appelèrent *île Byron*. Elle est située par
1 deg. 18' de latitude sud, et 173
deg. 40' de longitude ouest.

Nous quittâmes l'île *Byron* le 3
juillet, sans avoir pu y trouver de
mouillage, ni nous y procurer des
rafraîchissemens, au moment où la
dyssenterie, causée par les chaleurs
et les pluies successives, commençoit à exercer ses ravages sur nos
vaisseaux. Le 21, le scorbut fit de
nouveaux progrès, par le manque
de noix de cocos. Ces fruits sont

le spécifique le plus efficace contre ce mal cruel : les malheureux
qui en étoient attaqués , au point
d'avoir les membres tout noircis,
et de souffrir des douleurs aiguës,
revenoient promptement en santé,
quoiqu'en pleine mer , lorsqu'ils
mangeoient de ces noix.

Durant cette navigation, le thermomètre de Farenheit étoit souvent
à 88 deg. et jamais au-dessous de 81.
Nous étions alors presqu'à la latitude de Tinian , et je gouvernai sur
cette île le 22.

CHAPITRE IV.

Arrivée à Tinian. — Séjour à Batavia. — Navigation au cap de Bonne-Espérance. — Retour en Angleterre.

DEPUIS le 28 jusqu'au 30, nous aperçûmes une foule d'oiseaux autour de nous. A deux heures après midi, nous vîmes terre dans l'ouest demi-rhumb nord. C'étoient les îles de *Saypan*, de *Tinian* et d'*Aiguigan*; elles sembloient, de loin, n'en faire qu'une seule. Le côté oriental de ces îles est du N. E. $\frac{1}{4}$ N. E., et S. O. $\frac{1}{4}$ S. La plus occidentale est *Saypan*. On compte dix-sept lieues depuis sa pointe nord-est jusqu'à l'extrémité sud-ouest d'*Aiguigan*. Il y a environ deux et trois lieues entre chacune de ces trois îles. *Saypan* est la plus grande; *Aiguigan* est la plus petite ; elle est de forme ronde et plus élevée.

Nous nous en approchâmes du côté de l'est. A midi, nous doublâmes la pointe méridionale de *Tinian*, entre cette île et *Aiguigan*. Nous mouillâmes à la pointe sud-ouest, dans l'endroit même où le lord Anson avoit jeté l'ancre avec le *Centurion*. L'eau y étoit si diaphane, qu'on voyoit distinctement le fond à cent quarante pieds de profondeur.

Dès que le bâtiment fut amarré, je me rendis à terre pour désigner l'endroit propre à dresser les tentes des malades. Nous n'avions pas un seul matelot qui ne fût attaqué du scorbut ; et plusieurs étoient à la dernière extrémité. Nous rencontrâmes plusieurs cabanes abandonnées par les Espagnols et les Indiens, l'année précédente. Il n'en étoit venu aucun cette année, et il n'étoit pas probable qu'ils vinssent de quelques mois : le soleil étoit presque au zénith, et la saison des pluies commençoit.

Après avoir marqué la place où l'on pouvoit élever les tentes, j'essayai, avec six ou sept de mes officiers, de pénétrer dans les bois, pour découvrir ces sites enchanteurs, ces perspectives ravissantes, ces prairies où l'émail des fleurs rompt l'uniformité de la verdure, où des troupeaux errans en liberté,

donnent la vie à ce paysage. Nous
étions impatiens de parcourir ce
pays délicieux, dont le lord Anson
nous a donné une description si intéressante.

L'objet le plus urgent étoit néanmoins de nous procurer du bétail;
mais le bois étoit si touffu, si four-
ré, que nous ne voyions pas à deux
toises devant nous. Pour ne pas
nous perdre dans une forêt impraticable, nous nous appellions sans
cesse les uns les autres. Nous étions
en chemise, sans autres vêtemens
que nos longues culottes et nos sou-
liers, qui furent déchirés en lam-
beaux. Enfin, après des peines considérables, nous vînmes à bout de
traverser les bois, et à notre grande
surprise, le paysage s'offrit à nos

yeux sous un tout autre aspect que
le tableau qu'on nous en avoit fait.
Les plaines étoient totalement couvertes de roseaux et de buissons
plus hauts que nous en divers endroits, et dont les plus petits nous
venoient à la ceinture. Des ronces
nous arrêtoient et nous mettoient
les jambes en sang. En marchant
ainsi, nous étions couverts de mouches depuis les pieds jusqu'à la tête.
Si nous voulions parler, nous en
avions la bouche pleine, et plusieurs nous entroient jusques dans
la gorge.

Après une excursion pénible de
trois ou quatre milles, nous découvrîmes un taureau que nous tirâmes; et à l'entrée de la nuit, nous
revînmes au point de notre débar-

quement , tout aussi mouillés que si nous eussions plongé dans l'eau, et tellement harassés, que nous avions peine à nous supporter. J'envoyai quelques hommes chercher le taureau qu'on avoit tué. Déja des tentes étoient dressées , et nos malades à terre.

Le lendemain premier août, on dressa de nouvelles tentes , on descendit à terre les pièces à l'eau , on nétoya le puits destiné à l'aiguade. C'est probablement dans ce même puits que le *Centurion* fit son eau, mais c'étoit le plus mauvais que nous eussions rencontré ; l'eau étoit jaunâtre et remplie de vers.

Dans cette saison ; la rade où nous étions à l'ancre, est on ne peut pas plus dangereuse ; un fond de

sable

sable recouvre d'énormes masses de corail, et met continuellement les cables des ancres au risque d'être coupés.

J'étois aussi attaqué du scorbut. Je fis dresser ma tente sur le rivage; j'y fis établir également la forge de l'armurier, et l'on s'occupa de rétablir les ferrures des deux vaisseaux. L'île produisoit des limons, des oranges amères, des cocos, le fruit à pain, mais il nous fut impossible de trouver des melons d'eau, de l'oseille, ou d'autres végétaux anti-scorbutiques.

Pendant le cours de notre navigation, nous n'avions pas perdu un seul homme, mais deux matelots périrent à *Tinian*, de la fièvre. Plusieurs autres, après s'être guéris du scorbut, en furent attaqués. Le climat de cette île est mal-sain, du moins dans la saison où nous y sommes venus. Les pluies y sont fortes et presque continuelles, et la chaleur suffocante. Le thermomètre laissé à bord, fut généralement à 86 deg., ce qui n'est que 9 deg. au-dessus de la chaleur du sang. S'il eût été à terre, il eût monté beaucoup plus haut.

Mais une ardeur dévorante n'est pas le seul inconvénient qu'on y rencontre. On y voit en quantité des mille-pieds, des scorpions et de grosses fourmis, dont les morsures sont dangereuses. Il s'y trouve beaucoup d'insectes venimeux qui nous étoient inconnus, et dont les piqûres incommodes nous faisoient craindre de nous mettre au lit. On n'en étoit pas plus exempt à bord que sur le rivage. Ces insectes y avoient été portés avec les bords, s'étoient logés dans tous les recoins, et ne laissoient point de repos aux matelots.

J'envoyai du monde pour reconnoître les retraites du bétail. On découvrit quelques animaux, mais loin de notre station, et ces animaux étoient si farouches, qu'on avoit peine à s'en approcher d'assez près pour les tirer. Des détachemens de nos chasseurs les poursuivirent quelquefois vingt - quatre heures sans les atteindre; et lorsqu'un de ces animaux avoit été traîné l'espace de sept ou huit milles à travers les bois, il étoit tout couvert de mouches, exhaloït une odeur fétide, et ne servoit plus de rien. Le plus fâcheux, c'est que nos gens, exténués par des courses pénibles, étoient attaqués des fièvres, dont ils avoient peine à se retirer.

Nous avions moins de difficultés pour nous procurer de la volaille; mais la chair de ces oiseaux est généralement d'un mauvais goût, et la chaleur étoit si grande, qu'une heure après les avoir tués, ce n'étoit plus que de la pourriture.

Les sangliers, qui y fourmillent, faisoient notre plus grande ressource pour la viande fraîche; ils sont très-féroces, et si gros que la plupart pèsent 200 livres.

M. Gore, un de nos contre-

maîtres, ayant découvert, du côté
nord-ouest, un endroit très-fré-
quenté par le bétail, et d'où on
pouvoit l'amener par mer, j'y envoyai un détachement avec une
tente, et chaque jour nos bateaux
rapportoient ce qui avoit été tué ;
mais quelquefois la mer brisoit avec
tant de furie sur le rivage, qu'il
étoit impossible d'aborder. Le canot de la *Tamar* perdit trois hommes, qui tentèrent de franchir la
lame. Le poisson qu'on prend sur
ces parages, est fort beau, mais
peu sain. Ceux qui en mangèrent
éprouvèrent de graves accidens. Le
rédacteur du journal du lord Anson, dit que pour cette raison son
équipage s'étoit entièrement abstenu
de poisson ; mais nous avions mal

interprété ce passage ; nous avions pensé que le poisson ne leur avoit été nuisible que parce qu'ils en avoient usé avec excès. Nous payâmes cher notre expérience , et tous ceux qui en mangèrent, même sobrement , tombèrent dangereusement malades , et coururent risque de perdre la vie.

Si *Tinian* étoit située aux Indes occidentales , elle seroit d'un grand revenu , tant elle produit de coton et d'indigo. Le chirurgien de la *Tamar* sema différentes graines sur un terrain qu'il avoit enclos , mais notre séjour ne fut pas assez long pour que nous pussions en retirer de grands avantages.

Tandis que nous étions en rade , j'envoyai la *Tamar* reconnoître l'île de *Saypan*, d'une étendüe plus considérable que *Tinian*. Elle alla mouiller sous le vent, à un mille du rivage. Ses gens abordèrent sur une très-belle plage sablonneuse qui occupe six à sept milles. Ils remarquèrent, dans les bois, plusieurs arbres propres aux mâtures; ils rencontrèrent beaucoup de sangliers et de guanaques; mais pas d'autre bétail ni de volatiles. Sur la côte, ils ne trouvèrent aucune source d'eau douce, mais ils aperçurent dans l'intérieur des terres, un grand étang dont ils n'approchèrent pas. De grands tas d'huîtres perlières, accumulées sur les bords, leur firent conjecturer que les Espagnols s'y rendent en certaines saisons de l'année, pour y faire la pêche des perles. Ils virent aussi plusieurs de ces piliers de forme pyramidale, dont on trouve la description dans le voyage de lord Anson.

Nous mîmes à la voile le premier octobre, après un séjour de neuf semaines, et dans la matinée du 3, nous découvrîmes *Anatacan*, île remarquable par l'élévation de ses terres, et que le lord Anson avoit reconnue avant de relâcher à *Ti-nian*.

Le 18, nous vîmes autour de notre vaisseau plusieurs oiseaux de terre qui paroissoient très-fatigués. Nous en prîmes un ; il nous parut d'une espèce rare : il étoit de la grosseur d'une oie ; son bec et ses tarses, d'un noir d'ébène, faisoient ressortir la blancheur éclatante de son plumage ; son cou avoit un pied de longueur, et étoit aussi grèle que celui d'une grue ; son bec recourbé, étoit si long et si gros, qu'il étoit inconcevable que les muscles du cou pussent le supporter : il vécut quatre mois de biscuit et d'eau, mais il étoit devenu maigre comme un squelette. Il mourut sans doute faute d'une nourriture qui lui fût plus convenable. Je ne pense pas que cet oiseau, différent de toutes les espèces de *toucan*, rapportées par Edwards, ait jamais été décrit par les ornithologistes. Ces oiseaux paroissent s'être écartés de quelques îles au nord desquelles nous avons passé, et qui ne sont pas sur les cartes.

Je voulois toucher aux îles *Bas-*

trée, qui nous restoient au sud, à
la distance de six lieues ; mais le
péril de la navigation, depuis ces
îles jusqu'au détroit de *Banca*, me
détermina à poursuivre ma route.
Nous nous trouvâmes, le 3 novembre, à la vue de l'île de *Timoan*,
dans le s. o. $\frac{1}{4}$ o. Je fus tenté de relâcher dans cette île où Dampierre
dit que l'on peut se procurer des
rafraîchissemens. Nous n'y arrivâmes que le 6 au matin. Les habitans, qui sont des Malais, nous
parurent fort insolens. Nous les
vîmes s'avancer vers la mer à
notre approche, tenant chacun un
couteau d'une main, une lance de
l'autre, et ayant à la ceinture une
espèce de poignard appelé *crit*.
Nous ne pûmes nous procurer

qu'une douzaine de volailles, une
chèvre et un chevreau. Ils refusèrent les haches et les couteaux que
nous leur offrîmes en échange, et
nous demandèrent des roupies.
N'en ayant point, je leur donnai
des mouchoirs.

Ces insulaires sont bien faits et
d'une taille très-médiocre ; ils sont
presque noirs, et vont nus, à
l'exception d'une toile qui leur en-
veloppe la tête, et de quelques morceaux d'étoffe attachés autour des
reins par une agraffe d'argent.
Leurs cabanes, construites en bambou, sont propres et régulières ;
elles s'élèvent sur des pieux à huit
pieds au-dessus du sol. L'île nous
parut agréable : elle étoit couverte
d'arbres, et notamment de choux-

palmites et de cocotiers, dont les
habitans nous refusèrent des fruits.
Pendant que nous étions à l'ancre,
un officier acheta d'un insulaire, un
animal qui avoit le corps d'un
lièvre et les jambes d'un daim,
mais qu'on fut obligé de tuer, parce qu'on ne pouvoit lui donner la
nourriture qui lui étoit propre; sa
chair avoit un bon goût. Durant
notre mouillage devant cette île,
les éclairs, la pluie et les plus violens éclats de tonnerre, se succé-
dèrent continuellement : enfin nous
levâmes l'ancre le 7.

Le 10, nous aperçûmes l'île
Lingen. Le 12, nous vîmes une
petite jonque chinoise, et le lendemain, la petite île de *Pulo-Toté*. Le
14, j'envoyai un canot vers un

sloop

sloop qui étoit à l'ancre et portoit pavillon hollandois. L'officier ne trouva pas un seul blanc sur ce bâtiment ; il étoit monté par des Malais qui ne le comprirent pas, et lui offrirent fort honnêtement du thé. Ce sloop avoit un pont de bambou. Le gouvernail consistoit en deux pièces de bois placées aux deux extrémités du vaisseau.

Le 15, nous nous trouvâmes en vue de la côte de Sumatra. Nous dépassâmes la pointe de *Monopin-Hill* et celle de *Batacarang*, en évitant l'écueil de *Frédérick-Hendrick*, et nous vînmes par le travers de la rivière *Palambam*. Nous aperçûmes aussi plusieurs vaisseaux hollandois.

Le 19, nous rencontrâmes un

senau anglois de la compagnie des
Indes, allant de *Bencoolen* à *Ma-
laca* et au *Bengale*. Son commandant, apprenant que nos provisions
étoient corrompues, nous donna
généreusement un mouton, une
douzaine de volailles et une tortue (ce qui faisoit, je pense, la
moitié de ses provisions), sans vouloir rien accepter. J'ai un regret
extrême de ne pas me rappeler son
nom, ni celui de son bâtiment. Le
27, nous mouillâmes dans la rade
de Batavia, à cinq ou six milles de
l'île *Onrust.*

Le lendemain, il se trouva que
ce jour étoit le 29 novembre, au
lieu d'être le 28, comme nous le
croyions, parce que nous avions
perdu un jour en suivant le cours

annuel du soleil. Nous saluâmes le
fort, de onze coups de canon qu'il
nous rendit. Nous fûmes salués de
treize coups, par un gros vaisseau
anglais de Bombay, qui se trouvoit
parmi plus de cent navires que
contenoit la rade. Le commandant
du vaisseau amiral que la compagnie hollandaise entretient dans ce
port, envoya un canot à mon bord.
Le conducteur, après m'avoir fait
plusieurs questions impertinentes
sur l'objet de notre voyage, se dis-
posoit à verbaliser; mais je l'en
dispensai, en lui enjoignant de retourner à son canot, ce qu'il fit à
l'instant.

Je fus visiter le général qui étoit
à sa maison de campagne. Un officier nommé *Sabandar*, chargé d'in-

troduire les étrangers, m'y condui-
sit. Le général me laissa le choix de
prendre un logement dans la ville,
ou d'aller demeurer dans un hôtel qu'il loue, avec le privilége ex-
clusif de loger tous les étrangers.
Un habitant qui donneroit asyle
à un voyageur, seulement une
nuit, payeroit une amende de 5oo
rixdalers, environ 25oo livres, argent de France. Les maisons de
Batavia sont régulières, bien construites, commodes et agréables
dans l'intérieur. Les rues sont tra-
versées par des canaux, comme
celles de Hollande. L'humidité que
ces canaux entretient, doit être
dangereuse ; ils sont d'ailleurs nécessaires à cette ville, située au milieu d'un terrain marécageux ; mais

lés arbres dont ils sont bordés, sont un obstacle à la libre circulation de l'air.

Il y a peu de villes, en Europe, plus populeuses que *Batavia*. Elle est habitée par des hommes de toutes les nations du monde, des Hollandais ; des Portugais , des Chinois, des Persans, des Maures, des Malais et des Javans. Il y arrive, tous les ans, dix à douze jonques chinoises, qui y font un grand commerce.

Les environs de cette cité sont presqu'aussi magnifiques que ceux de Londres, par la beauté des chemins bordés de canaux, et par le coup d'œil que présentent les délicieuses maisons de plaisance où les riches habitans vont respirer un air plus pur que celui de la ville. Le luxe y est tel, que c'est presque un déshonneur d'être à pied.

La saison des pluies approchoit. Comme elle rend cette ville malsaine, je me pourvus, à la hâte, de différentes provisions, et je mis à la voile le 10 décembre. Nous ne perdîmes personne à *Batavia* pendant notre courte relâche : on regarda cela comme très-heureux; mais, quelques jours après notre sortie, une fièvre putride qui se manifesta, nous enleva trois matelots.

Le 10 février, nous eûmes connoissance de la côte d'Afrique. Nous y aperçûmes de la fumée produite sans doute par des Hottentots que nous présumâmes y avoir leur résidence. Cela étoit d'autant plus remarquable, qu'on ne voyoit ni arbre, ni verdure, et que la mer y brise avec tant de force, que toute pêche y est impossible.

Le 13 février, nous entrâmes dans la baie de la Table, malgré un vent du s. s. e. et un grain violent. Les Hollandais nous dirent que leurs vaisseaux n'auroient point osé entrer dans la baie par un temps si contraire.

Le lendemain, je m'empressai d'aller rendre visite au gouverneur. C'étoit un homme âgé et très-affable, qui me reçut d'une manière infiniment honnête; il m'offrit un logement dans sa maison de campagne, et m'invita à disposer de sa voiture. Un jour, je lui parlai de la fumée que j'avois vu s'élever de la côte. Il me dit qu'un autre bâtiment l'avoit aperçue quelque temps auparavant; il ajouta que deux vaisseaux hollandais étant partis du Cap pour Batavia, il y avoit environ deux ans, sans qu'on en ait eu depuis aucune nouvelle, il soupçonnoit que les équipages avoient fait naufrage sur cette plage que l'on présume être une île déserte. Des bateaux qu'on y avoit envoyés, avoient même été forcés de revenir sans avoir pu s'éclaircir du fait, parce que la mer brisoit sur la côte avec trop de furie. Je fus touché de ces particularités, qui me firent regretter de ne les avoir pas connues lorsqu'il m'eût été possible de faire tous mes efforts pour secourir ces infortunés.

Le Cap est une relâche délicieuse pour les vaisseaux qui ont à doubler cette pointe de l'Afrique. La température est fraîche, la campagne belle, et tout s'y trouve en abondance. On y admire le jardin de la Compagnie et une belle ménagerie qui appartient au gouverneur.

J'appareillai le 7 mars, après un séjour de trois semaines, nécessaire au rétablissement de la santé de nos équipages; et le 16, nous vîmes l'île *Sainte-Hélène*. Ce jour-là, le vaisseau reçut une si violente commotion, que nous crûmes avoir touché sur un banc, ce qui nous alarma beaucoup et nous fit courir sur le pont. A l'instant, la mer se teignit de sang, ce qui nous rassura, en nous apprenant que nous avions

donné sur une baleine ou un grom-
pus.

Le 25, nous passâmes la ligne
par 17 deg. 10 ' de longitude ouest.
Le premier avril, la *Tamar*, commandée par M. Cumming, étant
en mauvais état, fit voile pour *An-
tigoa*, l'une des Antilles, afin de s'y
réparer.

Le 7 mai, ayant quitté le Cap
depuis neuf semaines, et après une
navigation de vingt-deux mois et
quelques jours, nous aperçûmes
les îles *Sorlingues*. Le 9, nous
mouillâmes aux *Dunes*, et je descendis à *Deal*, d'où je partis pour
Londres.

Fin du Voyage du capitaine Byron.

RELATION

D'un voyage fait autour du monde, dans les années 1766, 1767, 1768 et 1769, par PHILIPPE CARTERET, écuyer, commandant du sloop le *Swallow*.

CHAPITRE PREMIER.

Relâche à Madère. — Passage du détroit de Magellan. — Mouillage à Masafuero, et description de cette île.

A mon retour d'un voyage autour du monde avec le commodore Byron, je reçus, par une commission du premier juillet 1766, le commandement du sloop le *Swallow*, qui étoit à *Chatam*, avec l'ordre de l'équiper promptement.

On m'informa que je devois accompagner le *Dauphin* dans une expédition de long cours ; mais la différence qui existoit entre ce vaisseau et le *Swallow* ne me permit pas de le croire. Le premier étoit doublé en cuivre et bien approvisionné ; le second manquoit presque totalement de ce qui étoit le plus nécessaire. Sur la demande que je fis d'une forge, de fer, et de quelques articles essentiels à une navigation autour du globe, on me répondit que, tel qu'il étoit, mon bâtiment se trouvoit propre au service auquel on le destinoit. Cette réponse me fit présumer que les îles *Falkland*

Falkland seroient le terme de mon voyage, et que j'y serois remplacé par l'excellente frégate le *Jason*.

Le 22 août, l'équipage ayant reçu deux mois de paye, je fis voile de Plymouth avec le *Dauphin*, sous les ordres du capitaine *Wallis*, et la flûte le *Prince Frédéric*, commandée par le lieutenant *James Brine*. Le 7 septembre, nous mîmes à l'ancre dans la rade de Madère.

Deux jours après, je fus averti par mon lieutenant, que dans la nuit neuf des meilleurs matelots s'étoient évadés tout nus, n'emportant que leur argent dans des mouchoirs qui ceignoient leurs reins, et avoient gagné la côte à la nage ; un seul, effrayé de la houle qui brise

avec force sur le rivage, étoit revenu à bord. Je me disposois à les
réclamer auprès du consul anglois,
lorsque je reçus de lui une lettre
par laquelle il me prévenoit qu'ils
avoient été arrêtés. Peu après, ils
furent amenés sur le pont, et parurent se repentir de leur conduite.
Je voulus savoir le motif qui avoit
pu les déterminer à braver d'aussi
grands dangers que ceux qu'ils
avoient courus. Ils me répondirent
qu'ils n'avoient eu d'autre intention
que de profiter d'une occasion de
dépenser leur argent, ce qui pourroit être rare dans la suite de notre
voyage; qu'ils avoient voulu boire
encore une bouteille d'eau-de-vie,
et revenir à bord, avant qu'on se
fût aperçu qu'ils y manquoient.

Après quelques réprimandes , je
leur accordai leur pardon , en leur
disant que lorsque j'aurois besoin
de bons nageurs , je saurois avec
plaisir à qui m'adresser. Cette clé-
mence , qui excita les murmures
d'approbation de tout l'équipage ,
nous fut extrêmement utile par la
suite. Ces déserteurs nous rendirent
de très-grands services, et déployè-
rent un zèle qui leur fait infiniment
d'honneur.

Nous remîmes en mer le 12. Le
capitaine *Wallis* m'adressa une co-
pie de ses instructions , relatives à
l'objet de notre voyage , et m'indiqua le *Port Famine* , dans le détroit
de *Magellan* , comme lieu de rendez-vous en cas de séparation.

En entrant dans le détroit, je

reçus l'ordre de précéder le *Dau-phin* et le *Prince Frédéric*, afin de le piloter à travers les bas-fonds. Obligés souvent de nous faire touer par un bateau, nous arrivâmes en-fin, le 26 décembre, au *Port Famine*, et le 17 février, nous mouillâmes dans la baie d'*Island*.

Le *Swallow* étoit si mauvais voi-lier, que je représentai au capitaine Wallis l'inconvénient de lui faire continuer le voyage; je lui pro-posai, à plusieurs reprises, de le renvoyer en Angleterre, et de me prendre à son bord, à la place de son premier lieutenant, ou de me donner le commandement du *Dauphin*, et de ramener lui-même le *Swallow* en Angleterre; mais il persista toujours à vouloir suivre les ordres que nous avions reçus des lords de l'amirauté, et à ne pas se croire le maître de s'en écarter.

Le 11 avril, le *Dauphin* ayant considérablement gagné sur nous, je le perdis entièrement de vue; je désespérai même de le retrouver, parce que nous n'avions point fixé de rendez-vous. Cette séparation étoit d'autant plus dangereuse pour nous, que nous n'avions pas à bord de verroteries, d'étoffes, ni divers ouvrages de coutellerie, qui sont indispensables pour acheter des Indiens quelques rafraîchissemens.

Le 12, nous mouillâmes, sur les six heures du soir, dans une petite baie. A peine étois-je couché, que les cris de tout l'équipage me réveillèrent. Ma première idée fut d'a-

bord qu'un coup de vent avoit fait
chasser le vaisseau sur ses ancres ;
mais j'entendis bientôt crier le *Dauphin !* le *Dauphin !* La joie que
causoit cette vue à l'équipage, fut
bien déçue, lorsque nous nous aperçûmes que ce que nous prenions
pour un vaisseau , n'étoit autre
chose que les trombes d'eau élevées
par des coups de vent. Cette baie
est peu éloignée de l'île à laquelle
sir *John Narborough* a donné le
nom de *Westminster-Hall* (1), à
cause de sa ressemblance avec cet
édifice. Le débarquement y est par-
tout facile : on peut y faire de l'eau

(1) C'est le lieu où s'assemblent les
chambres du parlement de la Grande-
Bretagne, à Londres.

et du bois, et l'on y trouve des moules et des oies sauvages.

Le 15, à la vue du cap *Deserado* (Desiré), nous essuyâmes un violent coup de vent qui rendit la mer prodigieusement grosse; en un instant, le tillac fut tellement couvert d'eau, que nous craignîmes de couler à fond. Dans cette périlleuse conjoncture, nous défonçâmes des barils pleins d'eau qui embarrassoient le tillac; nous allégeâmes notre bâtiment autant qu'il nous fut possible; et après beaucoup de peine, nous dépassâmes fort heureusement l'entrée occidentale du détroit de *Magellan*. Il étoit temps, car un peu après, le vent devint si contraire, que nous eussions infailliblement fait naufrage.

A la sortie du détroit, je gouvernai au nord, en prolongeant la côte du Chili, dans l'intention de faire provision d'eau douce à l'île de *Juan Fernandès*, ou à celle de *Masafuero*. Nous aperçûmes, le long de la côte, beaucoup d'oiseaux de mer, des albatrosses, des mouettes, des paresseux, d'une couleur noirâtre, aussi gros que de grands pigeons, appelés par les marins, *poules du cap de Bonne-Espérance;* ils portent aussi le nom de *mouettes noires.* Nous vîmes encore un grand nombre de pintades tachetées de noir et de blanc, qui volent toujours, quoiqu'elles paroissent quelquefois marcher sur l'eau comme les *pétrels.*

Nous essuyâmes des rafales considérables jusqu'au 9 mai. Ce jour-là, nous aperçûmes l'île de *Masafuero*, et le 10, celle de *Juan Fernandès*. Vers la partie nord de cette île, nous découvrîmes la baie de *Cumberland*. J'ignorois que cette île eût été fortifiée par les Espagnols ; et ma surprise fut très-grande de voir beaucoup d'hommes sur le rivage, une maison, quatre pièces de canon sur la grève, et un fort élevé dans l'intérieur du pays, sur la pente d'une montagne, au haut duquel flottait le pavillon espagnol.

Ce fort, entouré de murailles de pierre, a environ dix-huit ou vingt embrasures, et renferme un grand bâtiment qui sert probablement de caserne à la garnison. On a élevé autour une trentaine de maisons de différentes grandeurs. Le sommet des collines étoit couvert de bétail ; celles-ci même nous parurent culti- vées , les terrains étant séparés par des haies. Il y avoit aussi deux grands bateaux amarrés sur le ri- vage ; l'un d'eux se détacha vers nous , lorsque nous manœuvrâmes pour entrer dans la baie. Les coups de vent ne nous permettant pas d'approcher, nous nous dirigeâmes vers l'est ; le bateau nous suivit toujours , et nous ne le perdîmes de vue qu'à la nuit. Tant que nous fû- mes en vue de cette baie , je n'ar- borai point de pavillon , n'en ayant à bord que d'anglois , que je ne voulus point montrer.

Le 12 mai , nous arrivâmes à la

partie sud de l'île de *Masafuero* :
nous jetâmes l'ancre sur une plage
qui peut contenir une flotte nom-
breuse, sur-tout pendant l'été. Les
bateaux que j'envoyai chercher de
l'eau, ne purent débarquer, à cause
de la houle; ce qui étoit d'autant plus
désagréable, que du vaisseau nous
apercevions un superbe courant
d'eau douce, du bois à brûler et
beaucoup de chèvres qui grimpoient
sur les collines.

Le lendemain matin, les bateaux
parvinrent à nous amener des pièces
qu'ils avoient remplies de l'eau d'un
petit ruisseau.

Le 15, nous mouillâmes dans la
même place où, deux années auparavant, le commodore Byron
avoit lui-même jeté l'ancre. Aussitôt

j'envoyai un détachement à terre, pour faire de l'eau et couper du bois. Le lendemain, à deux heures du matin, des rafales violentes nous éloignèrent de la côte ; mais nous nous en rapprochâmes le plus près qu'il nous fut possible, lorsque le calme fut rétabli : je profitai de cet instant pour envoyer notre grande chaloupe et d'autres bateaux porter des provisions à ceux qui étoient à terre. La mer devint de nouveau extrêmement grosse, et dans la journée, nos bateaux revinrent et nous apprirent qu'ils n'avoient pas même pu débarquer les futailles vides.

Le 17 matin, j'envoyai un canot chercher une charge d'eau ; il nous l'apporta vers les quatre heures de

l'après-

l'après-midi. L'officier me donna
des nouvelles de ceux de nos gens
qui étoient à terre. Il m'apprit que
la pluie qui étoit tombée la nuit,
avoit formé de si grands torrens,
qu'ils avoient failli être noyés, et
que même plusieurs tonneaux
avoient été entraînés. M. *Erasme
Gower*, mon lieutenant, dont je
ne saurois trop louer le zèle et l'ac-
tivité, ayant remarqué des mares
d'eau de pluie sur la partie de l'île
qui nous avoisinoit, s'offrit d'aller,
avec un bateau, en remplir autant
de tonneaux qu'il en pourroit contenir; ce que j'acceptai aussitôt.
Peu après son départ, le temps
s'obscurcit; un brouillard épais s'é-
tendant sur l'île, nous déroba le
sommet des collines, et bientôt

nous vîmes des éclairs éblouissans, et nous entendîmes gronder le tonnerre d'une manière effrayante. Cet orage nous faisant craindre pour notre bateau, je me dirigeai sur l'île pour aller à sa rencontre; mais nous ne pûmes l'apercevoir. La brume épaisse rendit très-sombre la nuit qui survint; le vent redoubla, et la pluie tomba tout-à-coup avec violence.

Dans cette cruelle situation, je mis à la cape; je fis tirer plusieurs coups de canon et allumer des feux pour indiquer au bateau où nous étions. L'inutilité de tous mes soins me causa l'inquiétude la plus affreuse. Il étoit si probable qu'il avoit péri, qu'il est impossible de décrire la joie que j'éprouvai lorsqu'il re-

vint, sur les sept heures, sans avoir
essuyé aucun accident. Comme le
temps nous menaçoit toujours, il
fut aussitôt remonté à bord. Peu
après qu'il fut en place, les rafales
furent si violentes, que nous eûmes
lieu de nous féliciter de n'avoir
point perdu de temps à le remonter.

Ce n'est que lorsque le vent s'ap-
paisa vers minuit, que je m'informai, de M. *Gower*, de la cause de
son retard. Il m'apprit qu'en approchant de terre, trois hommes à
la nage avoient traîné les futailles
sur la côte pour les remplir d'eau;
qu'ensuite la houle étoit devenue
si forte, qu'ils n'avoient pu revenir ; que c'étoit dans l'intention de
les ramener, qu'il étoit resté si
long-temps à bord, mais qu'enfin,

intimidé par l'orage, il s'étoit vu dans la nécessité de les y abandonner.

Ce nouveau malheur m'affligea vivement, lorsque je réfléchis que ces infortunés, délaissés dans une île inhabitée, à une très-grande distance de l'aiguade où d'autres do nos gens avoient dressé une tente, manquoient d'alimens, d'abri et de vêtemens au milieu d'une nuit obscure, et étoient exposés à une pluie terrible, accompagnée de tonnerre et d'éclairs, plus effrayans que ceux que l'on éprouve en Europe. Le soir, cependant, nous parvînmes à les prendre à bord, et ils nous firent part de tout ce qui leur étoit arrivé.

Tant que le jour avoit duré, ils

avoient conservé l'espoir de rejoindre le bateau ; mais à la nuit ,
lorsque son obscurité n'étoit plus
dissipée que momentanément par
les éclairs , ils furent convaincus
que les gens du bateau étoient re-
tournés au vaisseau pour leur propre sûreté. Dans l'impossibilité de
gagner la tente de leurs camarades ,
ils furent contraints de passer la nuit
où ils se trouvoient , et de se ré-
soudre à supporter la pluie et le
froid. La nécessité leur offrit une
ressource ingénieuse pour se mettre
à l'abri de la pluie ; ce fut de se
coucher l'un sur l'autre , et chacun
à son tour , au milieu. Il est inutile
de dire combien , dans une pareille
position , ils desirèrent ardemment
le retour du jour. Dès qu'il parut ,

ils s'avancèrent vers la tente, en côtoyant le rivage de la mer, tout autre chemin étant impraticable.

Ce ne fut même qu'en se jetant souvent à la nage, et en faisant de grands détours pour éviter les pointes des rocs escarpés, qu'ils parvinrent à ne pas être jetés sur les rochers par la houle ; mais ils risquoient toujours, à chaque instant, d'être dévorés par des goulus. Ils arrivèrent enfin à la tente sur les dix heures, transis de froid et mourant de faim. Leurs compagnons les y reçurent avec joie, et partagèrent avec eux leurs provisions et leurs vêtemens.

Lorsqu'ils furent de retour, je leur fis servir les rafraîchissemens les plus propres à les rétablir ;

ils passèrent toute la nuit dans leurs hamacs, et le lendemain, ils oublièrent cet accident, qui n'amena aucune suite fâcheuse. Je dois observer que ces trois matelots étoient du nombre de ceux qui, à Madère, avoient gagné la rive à la nage, pour boire de l'eau-de-vie. Je reviens à mon récit.

Le 20, nous réussîmes à amarrer le vaisseau à une petite ancre sur la côte ; mais nous ne pûmes rejoindre notre aiguade : je me bornai à envoyer notre grande chaloupe pêcher le long de la côte ; elle rapporta assez de poisson pour tout l'équipage. Depuis cinq jours, nous avions continuellement travaillé pour venir dans le lieu où nous nous trouvions alors , dans la seule vue de nous approvisionner d'eau.

Le lendemain soir, le vent se calma. Trois hommes allèrent à terre, et tuèrent plusieurs veaux marins dont nous tirâmes de l'huile. Le lendemain matin, nos bateaux nous apportèrent de l'eau et des pintades. Ces oiseaux nous furent envoyés par nos gens qui étoient à terre. Lorsqu'il faisoit du vent, ils s'assembloient en si grand nombre auprès de leur feu, qu'ils avoient beaucoup de peine à les faire éloigner. Cette nuit-là, ils en avoient pris au moins sept cents. Toute la journée fut employée à remplir nos tonneaux.

Le 23, redoutant une nouvelle tempête, je renvoyai tous les ba-

teaux vers la côte, pour nous ramener ceux de nos gens qui s'y
trouvoient. Sur les onze heures, le
vent souffla avec tant de violence,
que le vaisseau dériva de la côte.
Comme le vent venoit de terre, je
ne craignis rien pour le vaisseau,
qui continua toujours à chasser en
tirant à travers le sable, l'ancre et
les deux cents brasses de cable que
nous avions filées. Je ne voulois
point lever l'ancre ; j'y fus cependant contraint, lorsqu'il vint à perdre tout-à-fait le fond, et nous ne
le tirâmes qu'avec beaucoup de
peine. L'eau s'élevoit en l'air, en
tourbillons plus hauts que notre
grande hune ; le vaisseau s'éloignoit
de la côte avec la plus grande vî-
tesse ; je commençai à craindre

pour nos bateaux qui portoient mon lieutenant et vingt-huit de nos meilleurs hommes. A la brune, nous aperçûmes notre chaloupe qui avoit été chassée du rivage, et nous la reprîmes à bord, non sans lui faire éprouver quelque dommage; elle portoit dix hommes, qui m'informèrent qu'elle étoit chargée de bois à brûler, lorsqu'elle fut repoussée en pleine mer, mais qu'ils s'étoient vus forcés de l'y jeter pour alléger son poids.

Je demeurai toujours dans l'inquiétude sur le sort du canot qui portoit dix-huit hommes et plusieurs tentes; je les regardois comme perdus, si la nuit les avoit surpris au milieu de l'orage. Cependant, comme il étoit possible que nos gens fussent à terre, et qu'il n'y eût que le canot de naufragé, j'employai le reste de la nuit à rejoindre la côte. Le vent se calma, et sur les dix heures du matin, nous la rangions d'assez près. Vers midi, nous découvrîmes le canot amarré, près de terre, à un grapin, et à l'aide de nos lunettes, nous aperçûmes nos gens qui s'embarquoient.

Ils nous rejoignirent bientôt dans le plus grand état de fatigue. La tempête avoit été si furieuse, qu'ils s'étoient imaginé que le vaisseau étoit submergé. Dans cette persuasion, ils nétoyèrent le terrain qui étoit près du rivage, arrachèrent les ronces et les épines, et coupèrent plusieurs arbres, qui leur servirent de rouleaux pour tirer à terre le canot. Ils espéroient attendre ainsi l'été dans cette île, et tâcher de gagner ensuite l'île de *Juan Fernandès*.

Je fus très-joyeux, lorsque j'eus réunis à bord nos gens et nos provisions, et je ne songeai plus qu'à m'éloigner de ce climat orageux.

L'île *Masafuero* est située au 33 deg. 45′ de latitude sud, et au 80 deg. 46′ de longitude ouest du méridien de Londres, et se trouve à trente-une lieues à l'ouest de celle de *Juan Fernandès*. Elle est élevée et montueuse; elle paroît même, de loin, ne former qu'une seule montagne; elle est triangulaire et porte environ sept ou huit lieues de circonférence. L'extrémité septentrionale

trionale offre quelques parties dé-
pourvues de broussailles, qu'il seroit peut-être facile de mettre en
culture.

La pointe sud-ouest de l'île offre
le meilleur mouillage de toute l'île.
On peut faire de l'eau et du bois
tout autour de l'île, mais non sans
de grandes difficultés. Des fragmens
de rochers embarrassent tellement
le rivage, qu'un bateau ne peut en
approcher de plus près qu'à la distance d'une encablure ; il faut absolument aller à terre à la nage,
amarrer le canot, et y charger les
provisions de bois ou d'eau, en les
tirant avec des cordes. En plusieurs endroits, un quai rendroit
l'abord assez facile : un vaisseau
qui auroit à y demeurer long-

temps, pourroit en faire les travaux.

Les rafraîchissemens qu'on y trouve, sont d'un grand secours, sur-tout en été. Outre une grande quantité de chèvres qu'on y peut prendre, il y a un si grand nombre de poissons, qu'un bateau, avec trois lignes et leurs hameçons, peut en pêcher ce qui est nécessaire à cent personnes. Nous prîmes des merlans noirs, des cavallies, de la morue, des plies et des écrevisses. Un martin-pêcheur que nous tuâmes, pesoit quatre-vingt-sept livres, et avoit cinq pieds et demi de longueur. Les goulus y sont très-voraces. Pendant qu'on jetoit la sonde, un de ces poissons mordit le plomb, et il ne lâcha prise que lorsqu'il se vit tiré au - dessus de l'eau. Les

veaux marins y sont prodigieusement nombreux, au point que si
on en prenoit plusieurs milliers en
une nuit, il seroit impossible, le
lendemain, d'observer une dimi-
nution dans leur quantité. Nous
tuâmes beaucoup de ces veaux marins qui couroient sans cesse sur
nous, en faisant un bruit effrayant.
On mange leur cœur et leur fres-
sure ; leur goût approche de celui
du cochon ; leurs peaux m'ont pa-
ru être les plus belles fourrures de
cette espèce que l'on puisse voir.
Nous vîmes aussi de très-gros fau-
cons.

Quant aux végétaux que produit
cette île, nous n'avons pu les examiner ; nous avons seulement remarqué des feuilles du chou de

montagne ; ce qui indique que l'arbre qui le porte doit y croître.

～～～～～～～～～～～～～～

CHAPITRE II.

Passage de Masafuero aux îles de la reine Charlotte. — Détails sur l'île d'Egmont.

Nous partîmes de *Masafuero* par une grosse mer et une houle très-forte. Nous nous trouvâmes bientôt assez près de la latitude donnée aux deux îles *Saint-Ambroise* et *Saint-Félix* ou *Saint-Paul*. Je me déterminai à les visiter, afin de voir si elles pouvoient offrir quelques rafraîchissemens aux navigateurs, ce qui seroit très-utile à la Grande-

Bretagne, lorsqu'elle pourroit se trouver en guerre avec les Espagnols, qui occupent *Juan-Fernandès*.

Cependant je manquai ces îles, pour m'en être rapporté aux *Elémens de Navigation* de Robertson, qui indiquent la latitude de l'île *Saint-Ambroise* au 25 deg. 30 ′. Je vis un grand nombre de poissons et d'oiseaux; c'étoit le signe certain du voisinage d'une terre; mais je suis convaincu que je m'avançai trop vers le nord.

En lisant la relation de M. Wafer, chirurgien à bord du vaisseau du capitaine Davis, et celle du voyage de Roggewin, fait en 1722, j'ai eu tout lieu de penser que la *terre de Davis* du premier, et l'*île orientale* du second, sont probablement ces deux îles que je ne pus rencontrer. L'inexactitude du journal tenu à bord du vaisseau du capitaine Davis, fortifie encore mon sentiment.

Nous étions au 17 juin; c'étoit le milieu de l'hiver dans ces mers lointaines. Les vents étoient violens et variables, la mer grosse; et quoique nous approchassions du tropique, le temps étoit obscur, brumeux et froid; nous avions souvent à la fois du tonnerre, des éclairs, de la pluie et de la neige; le soleil, qui restoit dix heures sur l'horison, nous étoit souvent caché, pendant plusieurs jours, par d'épais brouillards, et lorsqu'il étoit tout-à-fait couché, nous étions environnés de ténèbres affreuses.

Le 2 juillet, nous découvrîmes une terre; elle étoit si élevée, que nous l'aperçûmes de quinze lieues : c'étoit une espèce de grand rocher qui sortoit de la mer. Cette île n'a pas plus de cinq milles de circonférence; elle contient un petit courant d'eau douce, et est couverte d'arbres; elle nous parut cependant inhabitée. En sondant sur le côté oriental, je trouvai vingt-cinq brasses, fond de corail et de sable, ce qui me fit présumer qu'en été, cette partie de la côte permettoit un abordage facile. Cette terre est éloignée de mille lieues du continent d'Amérique; nous la nommâmes *île Pitcairn*, parce qu'elle fut découverte par le fils de Pitcairn, major des soldats de marine, qui a péri malheureusement à bord de l'*Aurore*.

L'équipage, qui avoit joui jusqu'alors d'une parfaite santé, commença à être tourmenté du scorbut. Pendant notre séjour dans le détroit de Magellan, j'avois fait faire un petit abri, couvert d'une toile peinte, destiné à ramasser assez d'eau de pluie pour que nous n'en manquassions jamais. C'est sans doute à ces précautions que nous dûmes d'être préservés, pendant si long-temps de cette maladie, et probablement aussi à l'attention qu'eut notre chirurgien, de mettre une petite dose d'esprit de vitriol dans chaque tonneau et dans l'eau de pluie que nous buvions.

Une petite île plate et basse, presque de niveau avec la mer, se présenta à notre vue le 11 juillet ; elle étoit couverte d'arbres verts ; nous l'appellâmes l'*île de l'évêque d'Osnabrugh* (1), en l'honneur du second fils de sa majesté (2).

Le lendemain, nous vîmes deux autres petites îles également couvertes d'arbres verts, et inhabitées : la plus méridionale est basse et sablonneuse ; son aspect est agréable, quoiqu'elle n'ait ni eau, ni végétaux qui puissent servir d'alimens. Il y avoit des oiseaux si peu farouches qu'ils se laissoient saisir avec la main. Cette île est au 20 deg. 38' de latitude sud, et au 146 deg.

(1) Le capitaine Wallis a donné le même nom à une des îles qu'il a découvertes.

(2) Le duc d'Yorck actuel.

de longitude ouest ; l'autre, qui
n'est éloignée que de six lieues, lui
ressemble assez. Nous les nommâmes
toutes deux *îles du duc de Glouces-*
ter.

Le scorbut faisoit de grands progrès parmi notre équipage ; les
vents étoient variables, notre vaisseau alloit mal. Tous ces sujets de
découragement me déterminèrent,
dans le cas où le vaisseau ne pourroit être réparé, à abandonner mon
projet de faire de nouvelles découvertes au sud. Je conçus le projet
néanmoins, si je trouvois un continent qui pût me fournir des provisions, de longer la côte sud, jusqu'à ce que le soleil eût passé l'é-
quateur, et de revenir promptement en Europe, soit par l'ouest,

en touchant au cap de Bonne-Espérance, soit par l'est, en passant aux
îles Falkland.

Nous allâmes ensuite à la recherche des *îles Salomon* ; mais toutes
nos peines furent inutiles, quoique
nous suivissions un chemin paral-
lèle à la latitude indiquée sur les
cartes. Il est probable que la brume
nous empêcha de voir une terre qui
devoit être assez près de nous ; car
nous étions entourés d'un grand
nombre d'oiseaux.

Notre provision de lignes de lock
étoit presqu'épuisée ; nous y sup-
pléâmes au moyen de quelques
brasses de cordage blanc, qu'il fallut détordre, peigner et filer, pour
les rendre propres à cet usage. Nous
réussîmes également à convertir de

vieux cables en cordages, et nous parvînmes ainsi à nous procurer deux choses très-essentielles dans notre situation.

Le scorbut continuoit toujours ses progrès; ceux de nos gens qui n'é-toient point hors de service par cette maladie, étoient accablés par des travaux continuels; et pour comble de malheur, le vaisseau paroissoit ne pouvoir plus manœuvrer. Notre position, déja si déplorable, sembla vouloir empirer. Le 10 août, on s'aperçut que le vaisseau faisoit une voie d'eau dans les épaules; et comme cette partie étoit sous l'eau, il nous étoit impossible d'y porter remède en mer.

Nous étions dans cette situation, lorsque le 12, à la pointe du jour,

on

on découvrit terre. Nos transports de joie furent si grands, qu'ils ne peuvent se comparer qu'à ce qu'éprouve un criminel sur l'échafaud, qui entend crier grâce.

Cette terre étoit un groupe d'environ sept îles, habitées par des Indiens noirs, à tête laineuse, et tout-à-fait nus. J'envoyai le *maître* avec un bateau, pour leur parler; mais ils disparurent avant qu'il pût aborder; il découvrit seulement un superbe courant d'eau douce. Il m'apprit que le pays étoit une vaste forêt impraticable, et qu'il seroit aussi dangereux que difficile d'en aller puiser, si nous devions éprouver de la résistance de la part des naturels; il ajouta que, d'ailleurs, il n'avoit vu aucuns végétaux qui pussent rafraîchir nos malades. En conséquence de ce rapport, je résolus de chercher une autre aiguade.

Le 13 août, j'envoyai le *maître* avec quinze hommes armés et approvisionnés, pour visiter la côte. Je lui donnai quelques verroteries, des rubans, et divers ouvrages de quincaillerie que j'avois par hasard sur le vaisseau, afin de lui assurer une bonne réception de la part des insulaires. Je lui enjoignis, sur-tout, de revenir au vaisseau sans avoir rien entrepris, plutôt que d'engager aucune hostilité.

Dans le même temps, j'envoyai à terre, dans la chaloupe, dix hommes, qui remplirent une futaille. Trois naturels s'avancèrent ensuite sur le rivage, s'assirent sur des arbres vis-à-vis le vaisseau , et y restèrent jusqu'à ce que le canot fût venu nous rejoindre dans l'après-midi. Alors les deux bateaux réunis s'approchèrent de la côte : les Indiens se levèrent aussitôt, et les arbres les dérobèrent à la vue des bateaux ; mais du vaisseau , nous les distinguions toujours. Ils rencontrèrent dans le bois trois autres Indiens auxquels ils parlèrent quelque temps , et continuèrent leur route, tandis que les derniers marchèrent fort vîte vers la chaloupe. Je fis signe à mon lieutenant de se tenir sur la défensive. Celui-ci aperçut bientôt les sauvages; comme ils n'étoient que trois, il s'approcha de plus près , leur montra des verroteries et des rubans, en signe d'amitié : les Indiens parurent n'y faire aucune attention ; ils décochèrent leurs flèches, qui passèrent par-dessus la chaloupe, sans blesser personne, et ils s'enfuirent à toutes jambes ; on tira sur eux quelques coups de fusils, qui ne les atteignirent point.

Lorsque le canot fut à côté de nous, j'aperçus que le *maître* étoit blessé de trois coups de flèches, ce qui me fit craindre qu'il n'eût enfreint mes ordres ; j'en fus parfaitement convaincu, lorsqu'il m'eut fait le récit de tout ce qui s'étoit passé, quoique sans doute il s'y peignît sous les couleurs les plus favorables qu'il lui fût possible.

Il me dit qu'ayant été à quinze milles environ à l'ouest, il avoit dé-

couvert quelques habitations d'Indiens, et étoit débarqué avec quatre
hommes bien armés; que les Indiens, d'abord effrayés, parurent
charmés des présens qu'il leur fit,
et lui donnèrent du poisson grillé,
des ignames bouillies et des noix de
cocos; mais qu'ayant vu une multitude de pirogues s'avancer dans la
baie, il avoit quitté la maison où il
se trouvoit, pour se réfugier dans
sa chaloupe, ne se croyant plus en
sûreté à terre; que pendant ce temps,
les insulaires, au nombre d'à-peu-
près quatre cents, armés d'arcs, de
six pieds cinq pouces de long, et
de flèches de quatre pieds quatre
pouces, et tirant par pelotons,
comme les troupes disciplinées de
l'Europe, les avoient assaillis par

terre, dans leurs pirogues et à la nage, et avoient blessé la moitié de son monde; qu'enfin ce n'étoit qu'avec de grandes difficultés, en tuant beaucoup d'Indiens, et en coulant à fond une de leurs pirogues, qu'ils étoient parvenus à s'échapper.

Quelle que fût la sincérité de ce récit du maître, il mourut peu de temps après, avec trois de nos meilleurs matelots. Ceux qui lui survécurent, m'assurèrent qu'il étoit bien plus coupable encore que son rapport ne le laissoit croire; ils protestèrent qu'il avoit reçu toutes sortes de bons traitemens des Indiens; mais qu'il les indisposa contre lui, en faisant couper un cocotier à la sortie d'un repas, malgré les représentations des Indiens;

qu'il avoit le premier tiré un coup de pistolet; et qu'après toutes ces fautes, il avoit encore perdu un temps considérable à terre, au lieu de s'occuper du prompt embarquement de l'équipage.

Le charpentier ayant réparé, autant que notre situation pouvoit le permettre, les épaules du vaisseau, nous ne nous occupâmes plus qu'à faire de l'eau. Les gens que j'envoyai à terre remplirent presque toutes nos futailles; mais nous fûmes obligés de faire un feu presque continuel sur les lisières du bois qui avoisinoit l'aiguade, afin de repousser les attaques des sauvages. Nous n'aperçûmes bientôt plus d'Indiens dans le bois; et j'aurois cru qu'ils étoient tout-à-fait disparus, si nos matelots ne m'eussent assuré entendre les gémissemens et les cris des mourans. Je levai l'ancre le 17 août, et j'appelai cette terre *île d'Egmont*, en l'honneur du comte de ce nom. Elle est, je pense, la même que celle que les Espagnols ont nommée *Santa-Cruz*.

La baie où nous avions mouillé, reçut le nom de *baie Swallow*, et je nommai la pointe orientale, *pointe Swallow*; la pointe nord-est, *cap Byron*, et une autre, la plus occidentale, *pointe Hanway*. Entre cette dernière et la *pointe Howe*, nous vîmes un petit village indien.

Nous découvrîmes un havre qui me parut assez bon, mais où je crois qu'un vaisseau ne sauroit entrer ni sortir sans se faire touer. Je l'appelai *havre de Carlisle*, et je nommai une petite île qui se trouve à l'entrée, *île Portland*. En avançant toujours le long de la côte, nous découvrîmes le *havre Byron* et l'*île du Volcan*, et enfin nous arrivâmes près de la baie où le canot avoit été attaqué par les sauvages : je l'appelai, pour cette raison, *baie de Sang* (Bloody-Bay).

On voit dans cette baie un petit ruisseau d'eau douce et quelques maisons assez bien bâties. Ceux de nos gens qui avoient débarqué en cet endroit, me firent remarquer une habitation plus grande que les autres, construite et couverte de chaume, et qui me parut être un lieu d'assemblée ; ils me dirent que c'étoit dans cette maison que le maître du canot avoit été reçu, et que l'intérieur étoit tapissé d'une belle natte, à laquelle étoient suspendues des flèches en paquets : ils ajoutèrent qu'il y avoit aux environs, des jardins entourés de murs.

Près de ce village, nous en vîmes un autre, vis-à-vis duquel s'élevoit un parapet construit à angles, comme nos fortifications. Cette observation, et le courage que nous leur avions vu déployer, qui ne peut être que l'effet de l'habitude, nous firent penser que ces sauvages avoient sans doute entr'eux des guerres fréquentes.

Près d'une pointe que je nommai *pointe Ferrers*, nous aperçûmes une belle rivière que nous voyions couler de fort loin dans l'intérieur de l'île, et qui se décharge dans une petite anse : nous jugeâmes qu'elle devoit être navigable, au moins à son embouchure, pour de petits vaisseaux.

Nous eûmes ensuite le spectacle d'une grande ville qui paroissoit fourmiller d'habitans. Lorsque le vaisseau fut en travers, il sortit de cette cité une foule prodigieuse d'Indiens, tenant à la main une espèce de paquet d'herbes vertes, dont ils se frappoient les uns les autres, en courant et en dansant en rond. Lorsque nous eûmes dépassé la *pointe Carteret*, nous vîmes une pirogue avec un pavillon au milieu. Des Indiens d'un autre village fortifié, s'avancèrent vers nous dans des pirogues. Nous nous mîmes en panne pour les attendre, dans l'espérance de nous procurer des rafraîchissemens; mais ils s'arrêtèrent aussitôt, et nous poursuivîmes notre route.

Nous passâmes entre l'île d'*Egmont* et une autre île, que je nommai *île de Trevanion* : elles paroissoient former, une seule et même ville, dont les habitans étoient innombrables. Ils envoyèrent des pirogues armées pour attaquer notre canot : nous fûmes obligés de tirer sur eux pour nous défendre, et il y eut un Indien de tué. Un seul coup de canon suffit pour leur faire prendre la fuite. Une des pirogues tomba en notre pouvoir : ce n'étoit qu'un tronc d'arbre creusé; elle contenoit

contenoit plusieurs flèches et des arcs. Ces flèches étoient armées d'une pointe de pierre. Nous n'a-perçûmes dans cette pirogue au-cune apparence de métal.

Il y avoit un Indien blessé dans cette pirogue ; une balle lui avoit percé la tête, et une seconde lui avoit cassé le bras : je le fis exami-ner par le chirurgien, qui déclara que sa blessure étoit mortelle. C'é-toit un jeune homme ; il avoit la tête laineuse comme tous les nè-gres, et fort peu de barbe ; il étoit d'une taille moyenne ; il étoit nu comme tous les autres Indiens ; ses traits étoient fort réguliers ; il nous parut moins noir que les habitans de la côte de Guinée. Je le fis remettre dans sa pirogue, et il se mit à ramer

vers le rivage , malgré ses bles-
sures.

Nous aperçûmes d'autres îles ,
auxquelles je donnai différens noms;
l'*île Howe* , l'*île du Volcan* , dont la
forme est conique , et d'où nous vîmes sortir de la fumée; l'*île Kep-
pel* , l'*île du lord Edgcumb* et l'*île
d'Ourry*. J'appelai le groupe que
forment ces terres , *îles de la reine
Charlotte*.

J'étois toujours obligé de garder
le lit ; la plus grande partie de mon
équipage étoit malade , en sorte que
je résolus d'abandonner mon projet de faire des découvertes dans le
sud. L'impossibilité d'entretenir
des relations amicales avec les Indiens, pour obtenir d'eux des rafraîchissemens , et la nécessité de

nous en procurer par force, me
détermina à faire gouverner au
nord, pour rencontrer cette terre
que Dampierre a nommée *Nouvelle-
Bretagne*, et nous y pourvoir de
vivres dont nous avions tant besoin.

~~~~~~~~~~~~~~~~~~~~~~~~~~~~~~~~~~~

CHAPITRE III.

Découverte du détroit qui sépare la Nouvelle-Bretagne de la Nouvelle-Irlande.
— Route par Mindanao à Macassar. —
Détails sur les îles trouvées dans la
traversée.

Le 20 août, nous découvrîmes
une nouvelle île, que nous nommâmes l'*île Gower*, et le 21, deux
~~~~~~~~~~~~~~~~~~~~~~~~~~~~~~~~~~~

autres, que nous appelâmes l'*île Simpson* et l'*île Carteret*.

L'île Gower est couverte d'arbres, et ce sont presque tous des cocotiers : elle nous parut très-peuplée d'Indiens. Ceux-ci ayant commis des actes d'hostilités contre quelques-uns de nos gens qui descendirent à terre, je fis saisir deux pirogues, qu'ils abandonnèrent : elles contenoient une centaine de noix de cocos, que nous mangeâmes avec plaisir. Ces pirogues étoient de grandeur à pouvoir porter huit à dix hommes. Elles étoient, d'ailleurs, construites en planches jointes et ornées de coquillages et de figures grossièrement ébauchées. Les pointes des lances et des flèches que nous y trouvâmes, étoient de silex.

Les habitans de l'île sont de la
même race que ceux de l'île d'Egmont ; ils étoient nus comme ceux
de cette dernière, et nous jugeâmes, à quelques signes qu'ils nous
firent, qu'ils n'ignoroient point
l'usage des armes à feu.

Le 22 août, sur les huit heures
du matin, un soldat de marine,
nommé Patrick Dwyer, tomba du
tillac dans la mer. Quelque promp-
titude que nous mîmes à détacher le
canot, cet infortuné disparut pour
toujours à nos regards.

Le surlendemain dans la nuit,
nous distinguâmes neuf îles qui
sont, je crois, les *îles Ohang-Java*,
découvertes par Tasman. L'une
d'entr'elles est très - étendue ; les
autres ne sont que de grands ro-

chers. Toutes sont couvertes de bois et bien peuplées. Les habitans sont noirs et ont la tête laineuse ; ils sont armés de flèches, et se servent de pirogues qui portent une voile. Nous découvrîmes encore deux îles, que nous appelâmes, l'une, *île de sir Charles Hardy*, et l'autre, *île de Winchelsea*.

Deux jours après, nous vîmes une grande île que je supposai être celle qui fut découverte et nommée, par Schouten, *île de Saint-Jean*. Bientôt après, nous fûmes en vue de la *Nouvelle-Bretagne*, et le lendemain, un courant nous porta dans une baie profonde, nommée par Dampierre, *baie Saint-George*. Nous mîmes à l'ancre dans une petite baie de l'*île Wallis*. Nous nous

trouvions alors à environ deux
mille cinq cents lieues du continent
d'Amérique. Nous mouillâmes ensuite à une petite anse qui nous parut plus commode, et que nous
nommâmes *anse angloise.* Nous y
fîmes fort aisément de l'eau et du
bois. Notre bateau fut très-malheu-
reux à la pêche, il ne prit que très-
peu de poissons. Nous avions devant
les yeux une multitude énorme de
tortues ; mais nous ne pûmes en
prendre une seule ; en sorte que
nous éprouvions le supplice de Tan-
tale : nous étions condamnés à voir
ce que nous desirions, sans pouvoir
nous le procurer.

A la marée basse, nous ramas-
sâmes des huîtres de rochers et de
gros pétoncles. Nous prîmes à terre

des noix de cocos et du chou blanc qui croît au haut d'un arbre. Pour prendre un de ces choux, il falloit couper l'arbre; ce fut avec regret que nous détruisîmes les tiges qui portent ces excellens fruits anti-scorbutiques; mais la nécessité ne connoît point de loi. Ce chou est blanc, frisé et rempli de suc. Crud, il a la saveur de la châtaigne, et cuit, il est meilleur que le panais. En le coupant par tranches dans du bouillon en tablettes, épaissi dans du gruau d'avoine, nous nous procurâmes un mets délicieux. Ces choux, les noix de cocos et des prunes semblables à celles qu'on appelle, en Amérique, *prunes de la Jamaïque*, rétablirent en peu de temps nos malades.

La côte de ce pays est bien boisée. Nous y vîmes des muscadiers,
des cocotiers, des palmiers de presque toutes les espèces, l'arbre qui
donne la noix de bétel, plusieurs
sortes d'aloës, des cannes à sucre,
des bambous, des rottans et d'autres arbres, arbrisseaux et plantes
que je ne connois pas. Les mus-
cades ne me parurent pas de la
meilleure qualité, ce qui peut pro-
venir du défaut de culture. Nous
aperçûmes aussi des pigeons, des
tourterelles, des freux, des perroquets, un oiseau noir, dont le cri
imite l'aboiement d'un chien, et une
multitude d'autres que je ne saurois
nommer ni décrire. Pour des quadrupèdes, nos gens n'en virent que
deux qu'ils prirent pour des chiens,

Nous vîmes des morceaux de bois brûlés, des coquillages et des misérables huttes abandonnées, qui nous firent penser que ce lieu avoit été récemment habité par des hommes, mais dont le pitoyable état nous apprit, en même temps, qu'ils devoient être au dernier degré de la vie sauvage.

Je fis faire à notre vaisseau toutes les réparations qu'il étoit possible de lui faire, et je levai l'ancre le 7 septembre, après avoir solemnellement pris possession de ce pays et des îles, baies, ports et havres qu'il renferme, au nom de sa majesté Georges III, roi de la Grande-Bretagne. Nous attachâmes à un grand arbre une planche couverte de plomb, sur laquelle étoient gravées

les armes de l'Angleterre, de l'E-
cosse et de l'Irlande, le nom du bâtiment et de son commandant, la
désignation du jour de notre arrivée et de celui de notre départ.

Nous mouillâmes encore dans un
joli port, qui fut appelé *havre de
Carteret*, et où nous nous approvi-
sionnâmes de plus de mille noix de
cocos et d'une grande quantité de
choux palmistes. Nous levâmes
l'ancre dès le 9 septembre, vu la
nécessité où nous étions de gagner
promptement Batavia, pendant la
durée de la mousson. Ce port est
formé par la côte de la *Nouvelle-
Irlande*, et par deux îles que nous
nommâmes, l'une, *île des Noix de
Cocos*, et l'autre, *île de Leigh*.

En sortant du *havre de Carteret*,

nous eûmes un vent qui, en nous empêchant de doubler le cap Sainte-Marie, nous porta dans une espèce de golfe que Dampierre a nommé *baie Saint-George*. Dans l'impossibilité de suivre une autre route, je tentai un passage par le golfe, et je fus bientôt convaincu que ce qu'on a appelé *baie Saint-George*, étoit un canal entre deux îles. Avant la nuit, nous découvrîmes une grande île, environnée d'autres plus petites, qui sont au milieu du canal. Je la nommai *île du duc d'Yorck*.

Sur le côté le plus méridional de cette terre, dont je n'ai pas cru devoir changer le nom, nous remarquâmes trois montagnes que j'appelai *la Mere et les Filles* (mother and daughters). Derrière la *Mère*, qui

qui est au milieu, et la plus grande
des trois, nous aperçûmes une forte
colonne de fumée, en sorte qu'il est
probable que l'une de ces montagnes est un volcan. Il y a une baie
entre le cap Paliser et le cap Ste-
phens. Le pays qui l'environne est
très-beau, le sol s'élève, par grada-
tions, en très-hautes montagnes couvertes de grands arbres, et offre
des clairières qui nous parurent
cultivées. La multitude de feux que
nous vîmes allumés la nuit sur cette
partie de la côte, ne nous permit
pas de douter qu'il n'y eût des habitans.

L'île du duc d'Yorck offre un
site également beau. Les habitations des Indiens sont dispersées
sur les bords de l'eau, entre des

bocages de cocotiers, en sorte que l'aspect est le plus magnifique et le plus pittoresque qu'il soit possible d'imaginer.

Lorsque nous eûmes entièrement passé le détroit, je lui donnai le nom de *canal Saint-George*, et j'appelai la terre la plus septentrionale, *Nova-Hibernia*, ou *Nouvelle-Irlande*.

Le 12 septembre, nous vîmes une belle île sur les côtes de la Nouvelle-Irlande. Je l'appelai *île Sandwich*, en l'honneur du comte de ce nom, devenu depuis premier lord de l'amirauté : elle nous parut fertile et très-peuplée. Dix à douze pirogues, avec environ cent cinquante Indiens, s'approchèrent de notre vaisseau ; nous leur donnâmes même quelques quincailleries , en les leur tendant au bout d'un grand bâton , mais aucun d'eux ne voulut monter à bord. Une des pirogues portoit trente-trois hommes ; elle avoit au moins quatre-vingt-dix pieds de long , quoiqu'elle fût faite d'un seul arbre , car elle étoit presqu'aussi longue que le *Swallow*. Ces Indiens nous parurent être de la même race d'hommes que ceux de l'île *Egmont* ; ils sont noirs, et ont, comme eux, la tête laineuse, sans avoir le nez plat, ni les lèvres grosses. Leurs cheveux étoient couverts d'une poudre blanchâtre, ainsi que leur barbe, en sorte que l'usage de la poudre est plus répandu qu'on ne le croit ordinairement. Je remarquai qu'ils sembloient ne regarder qu'avec crainte nos canons; ce qui indique qu'ils ont peut-être déja quelques notions sur les armes à feu.

A l'ouest d'une pointe que je nommai *cap Byron*, nous découvrîmes la *Nouvelle - Hanovre* et une autre île, avec un pic très-élevé, que j'appelai *île Byron*. La *Nouvelle - Hanovre* est couverte d'arbres; elle offre un beau coup d'œil. Ayant dépassé toutes les terres, je trouvai qu'il étoit plus court et plus sûr de passer par le canal Saint-Georges, en venant de l'est ou de l'ouest, plutôt que de tourner autour des terres au nord.

Jusqu'au 15, le temps brumeux ne nous permit pas d'observer le soleil. Ce n'étoit pas le seul désagrément que j'éprouvasse. Quoique malade, j'étois surchargé de travail, faute d'officiers, et je ne pouvois me faire aider que par mon lieutenant, dont la santé se trouvoit dans un aussi grand délabrement que la mienne.

Le lendemain de notre débouquement du canal Saint-Géorges, nous découvrîmes plusieurs îles peuplées d'Indiens. Sept de ces insulaires qui montoient une pirogue, s'approchèrent assez près de nous, et parurent comprendre les signes d'amitié que nous leur faisions de la meilleure foi du monde; mais au moment où nous nous y attendions le moins, ils nous lancèrent leurs javelots. Je fis tirer un pierrier et plusieurs coups de fusils, qui

tuèrent quelques Indiens ; les àu-
tres prirent le large , et rejoignirent
au plus vîte leurs pirogues.

Nous reçûmes peu après une visite assez semblable : sept pirogues
s'avancèrent vers nous, et s'arrêtèrent à une certaine distance. Alors
une d'elles se détacha, comme la
première fois, et s'approcha de notre vaisseau. Nous recommençâmes
toutes nos démonstrations d'amitié;
nous leur montrâmes toutes les
choses que nous jugions devoir leur
faire le plus de plaisir ; nous leur
tendîmes nos bras, pour les appeler à bord ; mais toute l'éloquence
de nos gestes fut superflue , et nous
ne reçûmes, pour toute réponse,
qu'une grêle de dards et de javelots. Nous ripostâmes à cette lâche

attaque, par quelques coups de fusil; un des insulaires fut tué, et le reste se jeta à la nage, en nous abandonnant leur pirogue, où nous trouvâmes quelques provisions.

Nous fîmes successivement la découverte des *îles de l'Amirauté*, de l'île *Durour* et de l'île *Matty*. Le 25 septembre, nous eûmes connoissance de trois petites îles, et quelques-uns de leurs habitans vinrent sur-le-champ nous visiter à bord, sans témoigner la moindre défiance. Ils reçurent, avec ravissement, quelques morceaux de fer que nous leur donnâmes en échange de quelques provisions. Nous conçûmes, par leurs gestes, qu'ils avoient déja vu un vaisseau comme le nôtre. Ces insulaires sont cou-

leur de cuivre, et les seuls de ce
teint que nous eussions jusqu'alors
rencontrés. Leurs cheveux sont
noirs et très-longs; ils ont peu de
barbe : nous observâmes qu'ils
étoient continuellement occupés à
s'arracher les poils du menton.
Leurs traits sont réguliers, et leurs
dents blanches et polies. Ils sont
d'une taille moyenne, forts et très-
alertes. Leur caractère est franc; ils
étoient aussi familiers avec nous
que si nous eussions été liés ensemble depuis très-long-temps. Leurs
reins étoient ceints d'une pièce
étroite d'une belle natte; c'étoit-là
leur seul habillement. Les pirogues
que nous vîmes étoient fort joli-
ment travaillées, ayant les côtés
construits en planches, une voile

d'une natte fine et un balancier.

Ils nous proposèrent de descendre à terre, en nous laissant pour otages un nombre d'entr'eux égal à celui des hommes qui débarqueroient; mais le vent y mit un obstacle insurmontable. Alors un des Indiens, voyant nôtre départ, demanda à nous suivre, et refusa de retourner parmi ses compatriotes, malgré nos représentations et celles des insulaires. Je fus obligé de le garder à bord, et lui donnai le nom de *Joseph Freewill* (*de bonne volonté*). Il nous apprit qu'il y a des villes au nord dont les habitans ont du fer, et qu'ils se servent de ce métal pour tuer ses compatriotes lorsqu'ils les trouvent en mer. Je vis, avec douleur, que la santé de cet Indien déclinoit de jour en jour: il ne vécut que jusqu'à notre arrivée à l'île Célèbes, où il mourut. La plus grande de ces îles que nous avions vues, étoit appelée par les habitans, *Pegan*; je la nommai *île Freewill*. Elles sont toutes environnées d'un rescif; j'en ai dressé la carte d'après le plan que les Indiens tracèrent avec de la craie sur le tillac.

Le 27 octobre, nous découvrîmes l'île de *Mindanao* : je résolus de chercher une baie que Dampierre a décrite, et où il fit des provisions; mais toutes nos peines furent inutiles; nous ne trouvâmes qu'un petit enfoncement, à l'extrémité duquel étoit une ville et un fort près d'une île appelée *Hammock-Island* (*île du Mondrain.*) Sur les neuf heures du soir, nous fûmes surpris d'entendre sur la côte, qui paroissoit déserte, un bruit produit par un grand nombre de voix d'hommes : cela me fit tenir sur mes gardes lorsque j'envoyai, le lendemain, la chaloupe pour faire de l'eau.

A peine nos gens furent-ils débarqués, que des Indiens armés sortirent du bois, l'un d'eux portant à la main quelque chose de blanc. N'ayant point de pavillon blanc à bord, j'ordonnai à mon lieutenant d'arborer une de mes nappes.

L'Indien s'adressa d'abord à l'officier en hollandois; puis, voyant qu'il ne l'entendoit pas, il parvint à se faire comprendre d'un de nos gens qui savoit l'espagnol, en lui parlant assez mal en cette langue. Il demanda si nous étions Hollandois, si nous allions à Batavia, ou si nous en venions, etc. On répondit à toutes ces questions, et il promit de nous présenter au gouverneur, qu'il appelait *rajah*, et de nous procurer des vivres ; car nous lui dîmes que nous ne venions point pour commercer. L'Indien considéroit attentivement la cravate de soie de l'officier ; celui-ci s'en apercevant, la lui présenta : le premier lui donna aussitôt la sienne, qui étoit de toile de coton grossière ; et après cet échange, ils se quittèrent bons amis.

Cependant, malgré les apparences, nous fûmes déçus dans notre espoir ; les Indiens s'approchèrent

chèrent bientôt du rivage, au nombre de plusieurs centaines ; ils lancèrent leurs javelots dans la mer, du côté du vaisseau, et agitèrent leurs sabres et leurs armes, comme pour nous menacer. J'aurois pu, au moyen de notre artillerie, détruire beaucoup de ces insulaires ; mais je dédaignai d'en faire usage ; et dans l'impossibilité d'avoir même une nouvelle conférence avec eux, je levai l'ancre le 4 novembre, et, pour toute vengeance, je laissai au lieu de notre mouillage, le nom de *Deceitful-bay* (*la baie trompeuse.*)

Le 14, nous entrâmes dans le détroit de Macassar, qui sépare les îles *Célèbes* et *Bornéo.* Nous vîmes une pointe, que je présume être celle appelée, sur les cartes françoises, *pointe de Stroomen*; je la nommai *Hammock-point*. Nous ne pûmes parvenir à gagner terre sur la côte de l'île *Bornéo*.

Le 3 décembre, nous nous trouvâmes dans la plus triste situation; il n'y avoit pas un seul homme à bord qui ne fût attaqué du scorbut; les vents et les courans nous étoient également contraires, et nos forces étoient épuisées. Le 10, à minuit, nous fûmes attaqués par un pirate, dont nous ne pûmes reconnoître le pavillon. Cet événement ranima notre courage; vainement il tenta l'abordage; en peu de temps nous parvînmes à couler à fond le bâtiment; tous ceux qui le montoient y périrent. Pour nous, nous n'éprouvâmes que de légers dommages. J'ai appris, par la suite, que ce bâtiment appartenoit à un pirate, qui en possédoit plus de trente pareils.

Deux jours après, nous nous aperçûmes que la mousson d'ouest avoit commencé, et qu'il nous étoit impossible de nous rendre à Batavia avant le retour de la mousson d'est. Ne pouvant pas tenir la mer plus long-temps, je me déterminai à gagner *Macassar*, principal établissement des Hollandois dans l'île Célèbes. Nous mouillâmes près de cette ville le 15, dans la soirée, après trente-cinq semaines de navigation, depuis notre sortie du détroit de Magellan.

CHAPITRE IV.

Récit de notre réception à Macassar et à Bonthain. — Départ de cette dernière ville pour Batavia.

Au moment même de notre arrivée, un Hollandois vint à bord de la part du gouverneur; il parut fort alarmé, lorsqu'il sut que le *Swallow* étoit un vaisseau de guerre anglois, parce que c'étoit le premier qu'on y voyoit : je ne pus le décider à descendre dans ma chambre.

Le lendemain, j'envoyai mon lieutenant porter une lettre au gouverneur, pour l'informer du motif de notre arrivée et de nos besoins; mais il ne put remettre ma lettre

au gouverneur en mains propres ;
elle ne lui fut communiquée que par
l'entremise du sabandar et du fiscal ; on fit attendre la chaloupe pendant cinq heures, durant le soleil
le plus ardent, et sans permettre
qu'on vendît à nos gens aucune espèce de rafraîchissemens. Enfin un
nommé Le Cerf, enseigne de la garnison, et un M. Douglass, écrivain de
la compagnie hollandoise, vinrent
à bord, comme envoyés. Ils me re-
mirent une lettre du gouverneur,
écrite en hollandois, et dont ils me
donnèrent l'explication en françois :
elle contenoit l'ordre de partir à
l'instant sans débarquer, ni seulement jeter l'ancre sur la côte.

Je leur représentai l'injustice de
cette défense, et ils furent convain-

cus de la nécessité de mes demandes, en examinant notre équipage, composé de malades et de mourans. Je terminai par les assurer que si l'on ne m'accordoit pas de rafraîchissemens et un abri contre les tempêtes, j'irois mouiller près de la ville, et me ferois échouer sous leurs murailles, où nous vendrions chèrement notre vie, en les couvrant d'infamie, pour avoir refusé des secours à un allié qui se trouvoit dans un péril si extrême.

Cette déclaration les effraya; ils me conjurèrent d'attendre une seconde lettre du gouverneur.

Nous passâmes le reste du jour et la nuit suivante, dans la plus cruelle anxiété. Le lendemain, un sloop armé de huit canons, et un bâtiment monté de beaucoup de soldats, vinrent mettre à l'ancre aux deux côtés du vaisseau, et refusèrent toute espèce d'explication.

Sur le midi, je levai l'ancre, et me dirigeai vers la ville; les deux bâtimens se contentèrent de nous suivre. Nous rencontrâmes, peu après, un joli bâtiment, monté par quelques officiers, et une troupe de musiciens, qui nous prièrent de remettre à l'ancre. Les officiers vinrent à bord; c'étoient M. Blyden-brug, le fiscal, M. Voll, le sabandar, une autre personne appelée *Licence-Master*, maître du port, et M. Douglass, l'écrivain. Ils nous apportoient deux moutons, un élan, quelques volailles, des fruits et des végétaux. Ces provisions furent dis-

tribuées aux gens de l'équipage : on
en fit un bouillon excellent pour
les malades.

Ils me communiquèrent ensuite
une autre lettre du gouverneur,
par laquelle il me réitéroit l'injonction de quitter le port, prétextant
qu'aucun vaisseau, de quelque nation qu'il fût, ne pouvoit séjourner
ni commercer à Macassar, sans
violer les stipulations qui avoient
été faites entre la compagnie hollandaise, les rois des naturels et les
gouverneurs du pays. En définitif,
il me renvoyoit, pour plus ample
information, aux officiers porteurs
de la lettre, qu'il qualifioit de ses
commissaires.

Je représentai aux commissaires,
que mon bâtiment étant un vais-

seau de guerre de sa majesté britannique, il étoit étranger aux con-
ventions relatives au commerce. Je
leur exhibai ma commission, et je
leur fis observer combien il seroit
absurde d'appeler commerce les
achats que nous voulions faire d'a-
limens et de rafraîchissemens. Je
rejetai avec fermeté toutes les pro-
positions qu'ils me firent, parce
que la condition principale étoit
toujours mon départ avant la saison où il devoit être possible; et
enfin, pour faire un dernier effort
sur leur humanité, je les conduisis
auprès du cadavre d'un homme qui
étoit mort le matin, et dont la vie
eût sans doute été préservée, si l'on
nous eût donné plutôt les secours
que nous avions droit d'espérer.

Ce spectacle les déconcerta entièrement. Après un instant de silence, ils me demandèrent si j'avois été dans les îles à épiceries ; ils parurent ajouter foi à ma réponse négative. Ils finirent par me dire qu'il étoit impossible de désobéir aux ordres de la compagnie, mais que cependant il me seroit permis de mouiller dans la petite baie de *Bonthain*, très-peu éloignée, où je pourrois établir un hôpital pour mes malades, et où je pourrois me procurer des provisions aussi abondantes qu'à Macassar. J'acceptai cette proposition, sous la condition qu'elle seroit ratifiée par le gouverneur et le conseil de Macassar, afin d'être sous la protection de la nation hollandaise ; ce qui fut fait effectivement le lendemain.

Quand tout fut ainsi terminé, les officiers hollandois me prièrent de permettre que l'on portât à notre bord les mets préparés sur leur bâtiment. J'y consentis de bon cœur, et l'on nous servit un excellent dîner, composé de poissons, de viandes, de légumes et de fruits. Je ne dois point laisser échapper cette occasion de témoigner la reconnoissance que je dois à ces officiers, pour l'humanité et la politesse qu'ils montrèrent à notre égard, et sur-tout à M. Douglass, qui, possédant la langue françoise, nous servit d'interprête avec un zèle et une complaisance infinie. Lorsqu'ils quittèrent le vaisseau, je les fis saluer de neuf coups de canon.

Il ne me manquoit plus que de trouver à échanger nos billets sur la Grande-Bretagne, contre de l'argent du pays, pour me procurer ce qui nous étoit nécessaire. Le sabandar me prévint que personne, dans la ville, n'avoit de remises à faire en Europe, et qu'il n'y avoit pas une rixdale dans la caisse de la Compagnie ; mais il m'avertit, en même temps, que le résident de Bonthain recevroit l'ordre de me fournir tout ce dont j'aurois besoin ; que d'ailleurs il accepteroit mes billets sans difficulté, parce qu'il avoit des remises à faire, et qu'il devoit lui-même se rendre en Europe la saison suivante.

Je sus de plus, du sabandar, que le résident avoit des biens considérables en Angleterre, où il s'étoit fait naturaliser, et qu'ayant entre les mains de l'argent qui apparte- noit à ce résident, il acheteroit pour moi, à Macassar, tout ce qui pour- roit m'être utile.

Le 19 décembre, dans l'après- midi, je reçus une lettre signée du gouverneur et du conseil de Ma- cassar, qui expliquoit le motif de la nécessité de mon départ pour Bon- thain, et confirmoit la convention verbale que j'avois conclue avec les commissaires. M. Le Cerf, le secré- taire du conseil et un pilote vinrent à bord pour nous suivre à Bonthain. M. Le Cerf devoit commander les soldats qui montoient les bateaux de garde, et le secrétaire, comme nous l'avons su depuis, étoit chargé

d'examiner les opérations du résident, M. Swellingrabel. Le père de ce
dernier officier étoit mort vice-gouverneur du cap de Bonne-Espérance, où il avoit épousé une Angloise,
nommée Fothergill : leur fils, résident de Bonthain, s'étoit marié à la
fille de Cornélius Sincklaar, ancien
gouverneur de Macassar, mort, il
y a à peu près deux ans, en Angleterre.

Ce fut le 21 décembre que nous
jetâmes l'ancre dans la baie de Bonthain, escortés par les deux bateaux
de garde, qui nous empêchèrent de
communiquer avec les bâtimens du
pays. Je reconnus, en y arrivant,
que j'avois perdu environ dix-huit
heures en venant à Bonthain par
l'ouest : nous y trouvâmes des Eu-

ropéens qui y étoient venus par l'est, et qui en avoient gagné six; en sorte qu'il se trouvoit une différence de vingt-quatre heures entre notre manière de compter les jours.

J'allai trouver sur-le-champ M. Swellingrabel, qui parloit très-mal anglois; je m'arrangeai avec lui sur les moyens de nous procurer des provisions, et de les payer; après quoi il m'accorda une petite maison sur le bord de la mer, près d'un petit fort palissadé, défendu par huit pièces de canon; c'étoit la seule du canton. Je la transformai en un hôpital, dont je confiai la direction au chirurgien; l'on y transporta tous ceux qui paroissoient ne pouvoir se rétablir à bord, et le reste demeura sur le vaisseau, pour le garder.

Trente-six hommes, commandés par M. Le Cerf, furent envoyés pour garder les malades, et les empêcher de s'écarter à plus de trente verges de l'hôpital ; on ne permit pas même aux naturels de leur vendre des provisions ; ce ne fut que par l'intermédiaire des soldats hollandois qu'ils purent s'en procurer.

Lorsque des habitans apportoien des vivres, les soldats commençoient par les saisir avant d'en demander le prix, et, en définitif, ils ne les payoient que ce qu'ils jugeoient à propos, souvent à peine le quart de leur valeur. Si l'Indien faisoit quelques représentations, le soldat lui fermoit bientôt la bouche, en espa-

donnant avec son grand sabre par-
dessus sa tête. Le marché ainsi con-
clu, le soldat nous revendoit ses
achats, en gagnant plus de mille
pour cent.

Cette conduite étoit si tyranni-
que, que je m'en plaignis au résident, qui réprimanda les soldats;
mais ses ordres furent si peu exé-
cutés, que je soupçonnai Le Cerf
d'avoir une part dans ces bénéfices
illicites. J'étois d'ailleurs instruit
que ses esclaves achetoient au marché, des objets que sa femme nous
vendoit ensuite deux fois plus qu'ils
n'avoient coûté.

Chacun des soldats devant fournir à son tour les provisions de toute
la garde, celui qui en étoit chargé
s'acquittoit ordinairement de cette

fonction en parcourant la campagne avec un sac et un fusil; un d'eux ne se contentant pas de remplir son sac, s'empara d'un jeune buffle qui appartenoit à des paysans. Ses compagnons n'ayant pas de bois pour le faire cuire, arrachèrent, pour cet usage, quelques-unes des palissades du fort. Je fus si surpris lorsqu'on me raconta ce fait, que je descendis exprès à terre pour voir la brèche; je trouvai les pauvres noirs qui s'occupoient à la réparer.

Trois sloops et un gros vaisseau de *Batavia*, qui portoient des troupes à *Banda*, vinrent mouiller dans cette baie; mais l'on interdit toute communication entre nos gens et ceux de ces équipages : ce ne fut que par l'entremise de M. Swellin-

grabel que nous pûmes acheter quatre tonneaux de viandes d'Europe,
deux de porc et deux de bœuf. Nous
vîmes arriver aussi une flotille, composée d'une centaine de petits bateaux du pays, appelés *pross*, du port
de dix-huit à vingt tonneaux ; et
montés, chacun, par quinze ou vingt
hommes. Tous les ans, ces bâtimens
font la pêche autour de l'île ; ils
partent avec une mousson, et re-
viennent avec une autre, afin d'être
toujours sous le vent de terre.

Le 18 de janvier, j'appris, par
une lettre de Macassar, que le *Dauphin* avoit été à Batavia. Le 28, le
secrétaire du conseil, envoyé pour
contrôler les opérations du résident, fut rappelé à Macassar. Vers
ce temps, notre charpentier ayant

à peu près rétabli sa santé, visita le vaisseau, et y fit quelques réparations ; mais on ne put boucher que très-peu de nos voies d'eau ; il fallut nous préparer à compter seulement sur nos pompes.

Le 19 février, M. Le Cerf fut rappelé, afin d'entreprendre, dit-on, une expédition pour l'île Bally. Le 7 mars, le plus grand de nos deux bateaux de garde retourna à Macassar avec une partie des soldats, et le 9, M. Swellingrabel s'informa, de la part du gouverneur, quand je partirois ; ce qui m'étonna, parce que je ne pouvois partir qu'avec la mousson d'est, qui ne commence que dans le mois de mai. D'un autre côté, nos gens remarquèrent qu'un petit canot venoit souvent rôder autour de nous pendant la nuit.

Les idées que devoit faire naître le rapprochement de toutes ces circonstances, étoient l'objet de nos réflexions, lorsque, le 29 mars, un officier m'apporta une lettre, qu'il me dit lui avoir été remise à terre par un noir; elle portoit pour suscription : *Au commandant du vaisseau anglois, à Bonthain.* Pour entendre le sens de cette lettre, dont je vais rapporter la substance, il faut savoir que l'île Célèbes est partagée entre plusieurs petits princes; Macassar est située dans le royaume qui porte le même nom, ou celui de Bony. Le roi de ce territoire est allié des Hollandois, qui ont échoué plusieurs fois dans leurs entreprises pour soumettre le reste de l'île, entr'autres les peuples appelés *Bug-gueses*, et ceux appelés *Woggs* ou *Tosora*. La ville de Tosora est défendue par du canon ; car les naturels se servoient d'armes à feu bien long-temps avant que les Hollandois eussent chassé les Portugais de Macassar.

La lettre me prévenoit que le roi de Bony avoit formé un complot pour nous massacrer ; que ce dessein devoit être exécuté par son fils, qui se trouvoit, pour cet effet, à Bonthain avec huit cents hommes ; qu'il agiroit de concert avec les Hollandois, quoique ceux-ci ne dussent point paroître, et qu'ils se fussent contentés de promettre une certaine somme d'argent et le pillage de notre vaisseau. On ajoutoit que les liaisons que j'avois entretenues avec les Buggueses, et d'autres peuples ennemis des Hollandois, avoient indisposé les esprits contre moi, et qu'on craignoit d'ailleurs une attaque des Anglois, lorsqu'à mon retour en Angleterre, j'aurois pu fournir des renseignemens à mes compatriotes sur cette colonie.

Cette lettre étoit écrite d'un très-mauvais style; mais l'objet en étoit si sérieux, que j'y fis quelqu'attention; et dans l'incertitude de la vérité de son contenu, je pris mes mesures comme si le projet eût été réel. En conséquence, nous nous occupâmes à mettre sur-le-champ le vaisseau en état de défense; nous le fumâmes, nous changeâmes les voiles, nous démarrâmes, nous chargeâmes nos canons, et nous bastinguâmes le pont : nous passâmes toute la nuit sous les armes, et le lendemain, nous nous fîmes touer sur la côte orientale, en nous éloignant tant soit peu du fond de la baie; enfin, nous n'oubliâmes rien de ce qui pouvoit contribuer à notre sûreté.

Pendant que tout cela se passoit, M. Swellingrabel étoit à six ou sept lieues dans l'intérieur du pays; je le fis demander; mais ce ne fut que le 5 avril qu'il vint à bord. Après quelques minutes d'entretien, je fus convaincu que, loin d'être complice du projet, il l'ignoroit absolument; il m'informa seulement qu'un tomilaly, espèce de ministre du roi de Bony, lui avoit rendu une visite,

sans

sans expliquer parfaitement le motif de sa visite dans cette partie de
l'île. Il me promit de faire des recherches scrupuleuses sur ce tomilaly.

Le résident et les personnes qui
l'accompagnoient, s'aperçurent de
nos mesures défensives. On avoit
déja instruit à terre, M. Swellingrabel de nos préparatifs, et on lui
avoit appris que nous faisions tous
les jours l'exercice aux petites armes; il parut approuver la résolution où j'étois de continuer à me
tenir prêt à tout événement. Nous
nous séparâmes, en protestant mu-
tuellement de notre amitié et de
notre bonne foi.

Je sus, quelques jours après, qu'il
avoit appris qu'un des princes du

royaume de Bony étoit venu en secret à Bonthain, mais qu'il n'avoit reçu aucun renseignement relatif aux huit cents hommes ; en sorte qu'ils n'étoient pas dans les environs de cette ville, à moins qu'ils ne fussent déguisés, comme les troupes du roi de *Brentford*.

Au commencement de mai, M. Swellingrabel me communiqua une lettre que le gouverneur de Macassar m'écrivoit en hollandois, et qu'il me traduisit, de son mieux, en anglois. Le gouverneur s'y justifioit, par les protestations les plus solemnelles, de l'imputation de la lettre anonyme relative au complot de nous massacrer, et il me prioit, en définitif, de lui envoyer cette lettre, afin de punir son auteur. On

pense bien que je ne voulus point
me dessaisir de cette pièce, persuadé
que celui qui m'avoit donné cet avis,
eût été puni, soit que le contenu fût
vrai, soit qu'il fût faux. Je me contentai d'expliquer au gouverneur,
dans une lettre polie, les motifs des
mesures que nous avions prises,
sans pour cela le soupçonner d'aucune mauvaise intention : vérita-
blement, je suis convaincu que l'ac-
cusation portée dans la missive, n'é-
toit pas aussi fondée que l'anonyme
paroissoit le croire. Après ces ex-
plications mutuelles, je fis voile
de Bonthain le 22 mai, dès le point
du jour.

Il existe plusieurs descriptions de
l'île Célèbes, en sorte que je me
dispenserai d'entrer dans beau-

coup de détails sur Bonthain et Macassar. Cette dernière ville est située sur une langue, et arrosée par une ou deux rivières qui la traversent, ou qui coulent assez près de là. Cette rivière paroît grande ; un vaisseau peut la remonter jusqu'à une demi-portée de canon des murailles de la ville. Le terrain qui l'entoure est uni, et offre un bel aspect ; il est couvert de plantations, de groupes de cocotiers et de maisons, et se termine par de hautes collines.

La baie de Bonthain est vaste ; le mouillage y est sûr pendant les deux moussons : elle présente plusieurs petites villes, entr'autres celle de Bonthain, bâtie près du fort dont il a été question, et qui suffit pour

contenir tout le pays ; elle est construite sur une rivière, qui permet
aux vaisseaux de s'avancer jusqu'au pied du fort. Le résident
hollandois qui en est commandant,
l'est aussi de *Bullocomba*, petite
ville qu'on trouve six lieues plus à
l'est, à côté d'un autre petit fort,
gardé par quelques soldats char-
gés de recevoir les contributions en
riz que le peuple paye aux Hollandois.

On fait facilement de l'eau à Bonthain : nous nous y procurâmes,
pendant notre séjour, toutes sortes
de provisions. Le bœuf y est bon,
mais on n'en trouveroit pas suffisam-
ment pour une escadre. Il y a, dans
les bois, une multitude de cochons
sauvages : les habitans nous les don-

nèrent à bon marché, parce qu'étant mahométans, ils ne s'en nourrissent pas, non plus que de tortues.

L'île Célèbes est la clef des *Moluques*; tous les vaisseaux qui vont à ces dernières îles, ainsi qu'à Banda, y touchent, et passent entre elle et l'île *Soloyer*; en sorte que la nation qui la possède, est nécessairement maîtresse des îles à épiceries. On y trouve des chevaux, des buffles, des chèvres, des moutons et des daims; les petits bœufs sont de la race de ceux qui ont une bosse sur le dos. L'arrack et le sucre qu'on y consomme, y sont apportés de Batavia. La marée est irrégulière; nous remarquâmes qu'elle ne monte et ne baisse qu'une fois en vingt-quatre heures, et jamais du flot au jusand, il n'y avoit six pieds de différence.

CHAPITRE V.

Relâche à Batavia. — Retour en Angleterre par le cap de Bonne-Espérance.

LE 2 juin, nous découvrîmes la terre de Java, et nous aperçûmes ensuite que cette partie de l'île étoit la pointe la plus orientale de la baie de Batavia, appelée *pointe de Carawawang*. Nous mîmes à l'ancre pendant la nuit, près de deux petites îles appelées *Layden* et *Alkmaer*, à la vue de Batavia, et nous mouillâmes le lendemain dans la rade. Nous eûmes alors tout lieu de

nous réjouir; car durant la traversée, notre vaisseau avoit tant fait
d'eau par ses voies, que nous avions
eu beaucoup de peine à l'empêcher
de couler à fond, en employant
deux pompes. Il y avoit alors à Batavia onze grands vaisseaux hollandois, quelques petits navires espagnols, un senau portugais et quelques jonques chinoises.

Le 4 juin, nous saluâmes la ville
de onze coups de canon, qui nous
furent rendus. Ce jour étant l'anni-
versaire de la naissance de sa majesté britannique, nous tirâmes
vingt-un coups de canon pour la
célébrer. Je rendis ensuite visite au
gouverneur, pour l'informer de l'é-
tat du *Swallow*, et le prier de me
permettre de le radouber. Il me ré-

pondit que, pour cela, il falloit m'adresser au conseil.

J'écrivis au conseil et au gouverneur le 6, jour d'assemblée, pour exposer l'objet de ma demande, ajoutant que j'espérois qu'ils m'accorderoient l'usage des chantiers et des magasins qui pourroient être nécessaires au radoub. Le lendemain, je reçus la visite du sabandar, qui étoit accompagné de M. Garrison, marchand de la ville, pour lui servir d'interprète, et d'une autre personne. Il me dit qu'il venoit de la part du gouverneur et du conseil, au sujet d'une lettre que j'avois reçue à Bonthain, par laquelle on m'informoit d'un complot pour massacrer mon équipage; que son auteur devoit être puni. Je répondis qu'effectivement j'avois reçu cet avis, mais que je n'avois fait part à personne que ce fût par une lettre. Le sabandar me demanda si je voulois affirmer, par serment, que je n'avois pas reçu cette lettre. Je lui fis observer combien une pareille demande étoit extraordinaire, et lui dis, au surplus, que je n'y répondrois que lorsqu'elle me seroit faite par écrit.

Je lui demandai ensuite quelle avoit été la décision du conseil relativement à mon vaisseau. Il me dit que le conseil avoit été choqué de ce que je m'étois servi des mots *que j'espérois*, et de ce que ma demande n'étoit point présentée sous forme de requête, comme celles de tous les marchands. Je répondis que

j'avois employé les prémières ex-
pressions qui s'étoient présentées
à mon esprit, et nous nous quittâmes.

Il ne se passa rien jusqu'au 9, que
le sabandar vint me rendre une seconde visite avec les mêmes personnes. Il me dit que le conseil
l'avoit chargé de me demander une
déclaration signée de moi, portant
que je regardois comme faux et con-
trouvé l'avis qui m'avoit été donné,
qu'un complot se tramoit dans l'île
Célèbes, pour massacrer l'équipage
du *Swallow*. Il ajouta que je devois
avoir une trop bonne opinion de sa
nation, pour supposer qu'un pareil
crime eût pu être commis sous son
gouvernement. Après cela, M. Garrison me lut une attestation dressée

par le conseil, et que l'on me prioit de signer.

Comme on paroissoit exiger de moi la signature de cet acte avant de m'accorder ma demande, et qu'il sembloit qu'elle en fût la condition expresse, je la refusai absolument, et réitérai ma première proposition, de me notifier par écrit ce que l'on exigeoit de moi. Après quelques autres altercations sur cet objet, nous nous séparâmes assez mécontens l'un de l'autre. Ce ne fut que le 15, que les mêmes personnes vinrent m'apprendre que le conseil avoit protesté contre ma conduite à Macassar, et contre mon refus de signer un certificat. Je répondis au sabandar que j'avois l'intime conviction de n'avoir manqué, en aucune

cune occasion, aux traités qui subsistent entre les deux puissances, quoique je ne crusse point avoir été traité comme sujet d'une nation amie, par le gouverneur de Macassar; que si l'on avoit quelques reproches à me faire, ils devoient être adressés à sa majesté britannique, à qui seule je devois compte de mes actions.

Le 18 juin, le sabandar m'apprit que le conseil permettoit le radoub du *Swallow* à *Onrust*; il ne me donna aucune réponse par écrit, et me dit que ce n'étoit pas l'usage. On me vendit ensuite, sans aucune difficulté, toutes les provisions que je demandai. Lorsque nous fûmes à *Onrust*, nous déchargeâmes le *Swallow*; mais comme toutes les formes se trouvèrent occupées par d'autres vaisseaux qui y étoient en carenage, ce ne fut que le 24 juillet que l'on commença à y faire des réparations, qui durèrent jusqu'au 16 août. Le bâtiment se trouvoit dans le plus mauvais état ; tout le monde pensa qu'il lui falloit une nouvelle quille ; mais je m'y opposai fortement, craignant qu'en ouvrant la cale, on ne la trouvât si mauvaise, qu'on ne le condamnât, comme cela étoit arrivé au *Falmouth*. Je proposai qu'on fît simplement un nouveau doublage par-dessus l'ancien. Le *bawse*, ou maître charpentier, ne voulut y consentir qu'autant que je lui donnerois une attestation, par laquelle je certifierois que c'étoit contre son avis que le bâtiment avoit été ainsi caréné, en cas qu'il ne pût arriver au lieu de sa destination. Par cet arrangement, je demeurai entièrement responsable du sort du vaisseau.

Nous trouvâmes, à *Onrust*, le *Dudly*, vaisseau du Bengale, qui attendoit depuis quatre mois pour avoir une forme; il me pria d'intercéder pour lui auprès de l'amiral Houting, qui avoit eu pour moi des attentions particulières. J'eus un tel succès dans mes sollicitations, qu'il en obtint une sur-le-champ. L'amiral Houting, commandant de toute la marine de la compagnie hollandoise des Indes orientales; ce vieillard, qui a acquis ses premières connoissances en marine à bord d'un vaisseau de guerre anglois, et qui parle très-bien anglois et françois, eut la complaisance de m'inviter tous les jours à sa table, et je dois dire que c'est le seul officier de la compagnie dont j'aye reçu quelque marque d'honnêteté : je n'ai trouvé, dans les autres Hollandois que j'ai vus ici, que des hommes graves et réservés.

Le gouverneur de cette colonie a, sous plusieurs rapports, une place plus imposante qu'un souverain d'Europe. Il ne sort qu'escorté par un détachement de gardes à cheval, tandis que deux noirs, qui précèdent son carrosse, lui ouvrent un passage, et frappent indistinctement tous ceux qui ne lui rendent pas les hommages que l'on exige de chacun. La plus grande partie des habitans de Batavia ont

une voiture traînée par deux chevaux, et ouverte par devant; lorsqu'ils rencontrent, dans la ville ou
au dehors, le gouverneur, ils doi-
vent descendre, et faire un profond
salut. Jamais une voiture qui suit
son carrosse ne peut le dépasser,
quelque pressée qu'elle puisse être.
Le même honneur se rend aux
membres du conseil, avec la différence, cependant, que le salut se
fait debout dans le carrosse, sans
en descendre.

Les capitaines des vaisseaux de
l'Inde, et ceux des bâtimens marchands, sont assujélis à ce cérémo-
nial; mais étant honoré d'une commission de sa majesté britannique,
je ne crus pas devoir rendre à un
gouverneur hollandois, un hom-

mage que l'on ne rend pas même à mon souverain. Le maître de l'hôtel où je logeois me dit, de la part du sabandar, que ma voiture devoit s'arrêter, comme les autres, en présence du gouverneur et des membres du conseil ; il me toucha même quelque chose relativement aux noirs et à leurs bâtons ; mais je lui montrai mes pistolets, qui se trouvoient par hasard sur la table, en lui disant que si l'on m'insultoit, je saurois me défendre ; et quelques heures après, il m'avertit, de la part du gouverneur, que je pouvois agir comme je voudrois.

Je séjournai près de quatre mois à Batavia : pendant ce temps, je n'eus pas à me louer beaucoup de la politesse du gouverneur. On m'invita à assister à une fête qui eut lieu à l'occasion de la nouvelle du mariage du prince d'Orange : je me rappelai que le commodore Tinker, dans une occasion semblable, fut obligé de quitter subitement l'assemblée, parce qu'on voulut le faire asseoir après les conseillers ; et comme on ne voulut pas me permettre de prendre place avec les conseillers, je refusai l'invitation. Enfin, le *Swallow* étant radoubé, je fis voile d'Onrust le 15 septembre, sans retourner à Batavia, comme on le fait ordinairement, et je me contentai de faire remercier le gouverneur, en lui offrant mes services pour l'Europe. J'eus le bonheur de trouver à compléter mon équipage avec des matelots ; j'en avois perdu

vingt-quatre ; un pareil nombre
étoit si malade, qu'il y en eut sept
qui moururent avant notre arrivée
au Cap ; en sorte que, sans ce supp-
plément d'hommes, je n'eusse pu
ramener le *Swallow* en Angleterre.

Le 25 septembre au soir, nous
mouillâmes sur la côte de Java,
dans la baie *Canty*, appelée aussi
nouvelle Baie : l'eau que nous y
trouvâmes étoit si pure et si bonne,
que je fis vider toutes les futailles
pleines, pour les remplir de cette eau.

Le 28 novembre, nous mîmes à
l'ancre dans la baie de la Table, au
cap de Bonne-Espérance ; nous y
jouîmes de la liberté d'aller par-
tout dans la campagne ; et l'accueil
que nous reçûmes des riches habitans de la ville, exige que j'en fasse

mention : je dois sur-tout rappeler, avec reconnoissance, les bontés particulières qu'eurent pour moi le gouverneur, le vice-gouverneur et le fiscal.

Le 20 janvier, nous arrivâmes à l'île Saint-Hélène ; deux jours après, nous mouillâmes dans la baie de *Cross-Hill*, dans l'île de l'*Ascension*. Cette baie est placée entre deux montagnes ; sur l'une d'elles, qui porte également le nom de *Cross-Hill*, est planté un bâton de pavillon, qui sert à se diriger pour mouiller dans la baie. Je fis débarquer quelques hommes pendant la nuit ; ils retournèrent environ dix-huit tortues (1), pesant chacune de

(1) Il suffit de retourner une tortue, pour lui ôter tout moyen de fuir.

quatre à six cents livres. Les vaisseaux qui touchent à cette île inhabitée, ont coutume d'y laisser une
bouteille renfermant une lettre où
l'on détaille leur nom, la date de
leur arrivée, le lieu de leur destination, et quelques autres circonstances. Nous nous conformâmes à
cet usage, et nous levâmes l'ancre
le lendemain.

Le 19 du mois de février, nous
découvrîmes un bâtiment portant
pavillon françois, que nous revîmes
le lendemain manœuvrer pour s'approcher de nous et nous parler. A
mon grand étonnement, vers midi,
étant assez près pour nous saluer,
il s'informa de ma santé, me nomma, ainsi que mon bâtiment, et me
dit que le *Dauphin* étant retourné

en Angleterre, on nous croyoit nau-
fragés dans le détroit de Magellan,
et qu'on avoit expédié deux vaisseaux à notre recherche.

Sur ma demande, on me répondit
que le vaisseau françois qui nous hé-
loit, étoit au service de la compagnie
françoise des Indes orientales, et
commandé par M. de Bougainville;
qu'il revenoit en Europe, de l'Ile-
de-France, et qu'ayant entendu parler du *Swallow* au Cap, il nous re-
connoissoit pour ce vaisseau, par la
lettre qu'il avoit trouvée dans une
bouteille à l'île de l'*Ascension*.

M. de Bougainville me fit offrir
des rafraîchissemens, et je le re-
merciai : c'étoit un simple acte de
politesse verbale de sa part, puis-
qu'il savoit que nous avions touché

depuis peu au lieu où il s'en étoit approvisionné. Ayant des raisons particulières de soupçonner que M. de Bougainville avoit intention de venir à bord, je lui en présentai l'occasion, en lui disant que s'il vouloit m'envoyer un bateau, je lui remettrois des lettres que des François m'avoient chargé, au Cap, de faire parvenir dans leur patrie. Aussitôt il envoya un bateau, monté par un jeune officier, habillé en matelot. Je m'informai pour quelle raison le vaisseau revenoit de l'Ile-de-France par une saison si peu avancée. On me dit que des démêlés survenus entre le gouverneur de l'Ile-de-France et les habitans de cette colonie, étoient cause qu'on l'envoyoit en toute hâte en Europe,

pour

pour y porter des dépêches. Ce motif me parut d'autant plus plausible,
que j'avois entendu parler, au Cap,
de ces différends qui divisoient le
gouverneur de l'Ile-de-France et les
habitans.

Cependant, si M. de Bougainville
eût été porteur de dépêches si pres-
sées, je ne pouvois concevoir pourquoi il s'amusoit à me parler. Je
dis à son officier qu'il ne m'expliquoit pas pourquoi ils revenoient de
l'Inde par une saison différente de
celle que l'on attend ordinairement.
Il me répondit qu'ils avoient com-
mercé sur la côte occidentale de
Sumatra, où ils avoient pris de
l'huile de noix de cocos et des rottans; puis, sur mon observation
que l'on n'apporte point de ces mar-

chandises en Europe, il ajouta qu'ils les avoient laissées à l'Ile-de-France, pour les bâtimens qui touchent à cette île en allant en Chine, et qu'ils avoient pris d'autres objets pour l'Europe.

Il me dit ensuite qu'il étoit sur le vaisseau françois que nous avions vu dans le détroit de Magellan, et il m'en rappela si bien toutes les circonstances, qu'il me fut impossible d'en douter. Il me fit, sur la partie occidentale du détroit, des questions auxquelles j'éludai de répondre. Après m'avoir fait encore, sur mon voyage, d'autres interrogations auxquelles je ne répondis que d'une manière évasive, il alla plus directement à son but, et il me témoigna qu'il desiroit savoir de quel côté de l'équateur j'avois voyagé dans la mer du Sud. Je ne jugeai point à propos de répondre à cette question, et je me levai brusquement, en le chargeant de faire mes complimens à son capitaine. Je ne lui donnai pas même le temps d'excuser sa curiosité; j'allai chercher, dans ma chambre, une flèche de sauvage qui avoit blessé un de mes gens, et je le priai de la remettre à son commandant. Il me suivit, en regardant attentivement autour de lui, comme il n'avoit cessé de le faire, et il retourna à son bateau.

Mon lieutenant, à qui je fis part de l'histoire qu'on m'avoit contée, me dit qu'elle étoit absolument controuvée, et que les gens du bateau avoient moins su garder le secret que le messager. Ils avoient causé avec un de nos gens, qui étoit né à Québec, et qui parloit françois; ils lui avoient dit que M. de Bougainville arrivoit, comme nous, d'un voyage autour du monde; qu'ils avoient fait voile de France avec un autre vaisseau qu'on avoit été obligé de laisser à l'Ile-de-France, pour y être radoubé; qu'ils n'avoient pu passer le détroit de Magellan le premier été, et qu'ils n'y étoient parvenus que l'été suivant.

M. *Gower*, mon lieutenant, ajouta qu'un mousse françois lui dit avoir séjourné deux ans à l'île de *Juan Fernandès*, et que, pendant cet espace de temps, une frégate angloise étoit venue mettre à l'ancre, sans y mouiller ; autant qu'il put se souvenir de l'époque, il paroîtroit que c'étoit le *Swallow*. Ce mousse avoit été pris par les Espagnols, sur un bâtiment interlope, navigant sur les côtes des îles espagnoles d'Amérique ; on l'avoit envoyé à l'île de *Juan Fernandès*, et il devoit le recouvrement de sa liberté au vaisseau de M. de Bougainville.

Tous ces détails m'apprirent pourquoi M. de Bougainville avoit cherché à me parler, et me firent concevoir un plus grand mécontentement de la conduite de l'officier déguisé en matelot, qui avoit voulu m'arracher, par ruse, des aveux qui m'auroient fait violer le secret auquel j'étois obligé, en même temps qu'il m'avoit trompé, pour mieux garder le sien.

Les détails communiqués par les gens du bateau à ceux de mon équipage, diffèrent, sur plusieurs points, de la relation que M. de Bougainville a publiée de son voyage : il ne m'appartient pas de décider jusqu'à quel point les faits peuvent être vrais ou faux de part et d'autre. Je regrettai beaucoup que ces faits ne m'eussent point été racontés pendant que l'officier français étoit à mon bord ; mais il n'y avoit plus moyen de nous rejoindre. Le vaisseau français étoit fatigué des suites de son long voyage ; le nôtre venoit d'être réparé ; nous avions un bon vent frais, et nous forcions de voiles ; cependant le premier alloit beaucoup plus vîte que nous.

Le 7 mars, nous vîmes les îles Açores, et nous passâmes entre Saint-Michel et Tercère ; et le 20 du même mois, nous mouillâmes, avec joie, dans la rade de *Spithead*, après une heureuse traversée depuis le cap de Bonne-Espérance.

Fin du Voyage du capitaine Carteret, et du tome premier.

TABLE

DES CHAPITRES

contenus dans le tome premier du premier Voyage.

Voyage du capitaine CARTERET.

FIN DE LA TABLE.